名媛養成班

暢銷 15 年，新增修版

Sophistication-ology

國際禮儀專家教你

成為真名媛的20個法則

陳弘美 著

目——錄

新版
作者序

「名媛」是一個境界

「名媛」是一個境界。

有錢，有名，不會自動升等成為名媛。

人的起跑點是註定的，但是終點是自己決定。

提升自己的材料公平地在每一個人的身邊。

我寫此書的動機

多年前此書初上市時，我非常好奇社會將如何反應，因為這是帶有「革命性」的書。

之前對於社會的「名媛風潮」，剛開始，依我這十多年來著寫禮儀書，希望能提升社會文明的人來看是一件好事，因為這代表社會已豐衣足食，女性嚮往更上一層的洗練。但我們看到的似乎卻只是，原本善良的社會現在是拜金主義充斥，代表著「名媛」、「權貴」的所謂「上層」文化。大家看到檯面上的名媛戲實在是個誤導，是演錯劇本，也演錯卡司。

演錯劇本的例子；臺灣某政要的媳婦，也是富商家出身，正是所謂權、錢集於一身，她曾說過：「我的手不碰水」、「我什麼都不會」……，這只能說是電影看入迷了。若是國際上流層聽到這話，只會替她擔心，不會覺得「是名媛」。

卡司演員也錯誤。近年來招致大眾反感的、一些仗著特權腐蝕社會成本的所謂「權貴」、「富二代」，似乎成了「名媛」的代名詞。不要說現在是民主時代，即使在過去西方封建時代，擁有優渥資源的權貴更是要回餽社會，這稱為Noblesse Oblige。而臺灣由於民主法治不全，原本應公平的屬於全民社會的資源，卻落為有政治關係特定人的私財。第一代的致富手段已經造成社會的損失，不但沒有取之於民，用之於民，反而造成第二代的優越心態，又更佔社會便宜。明顯的，權、錢和貴、賤無關。

會演錯劇本，誤以為名媛貴婦應該是「手不碰水」、「喝瓊漿玉液在上界過日子」……，會搞錯是因為致富的歷史尚淺。有聽過「賺錢不需要文化教養，但是花錢需要文化教養」嗎？也就是致富可以靠各種手段，但是人的內在要跟上富裕是需

右二為本書作者

要文化和教養。

另外一個原因是，有歷史的先代範本沒有流傳。臺灣有歷史的大家族，比方林熊徵家族、筆者的外祖父許丙家族、辜顯榮家族、顏德修家族、依我從小看她們是大門不出二門不邁，也只和這幾個大家族來往、聯姻。並且當時沒有媒體、狗仔，古早的名媛貴婦是過什麼樣的生活，沒有外人知道，成為資訊的斷層。所以現在大家在無範本可循之下，就只能靠電影裡誇張的劇情，而信以為真地演著名媛家家酒。

憧憬想看「豪華名媛戲」的觀眾會很失望，因為我從小看那些有歷史的大家族的夫人們，確實大家在家戴的珠寶都很大顆，但是手絕對碰水、也不瓊漿玉液，有幫傭，但必要時也下廚，也就是平凡普通到現在的媒體、狗仔根本沒得拍。即使現在也沒變，完全沒有媒體想要的戲劇性畫面。

而他們別於他人之處在於：行動舉止優雅有品；有「羞恥心」，不做會讓自己看不起自己的事；對社會地位高、低的人，態度一視同仁；對環境不遇的人會出自本能的照顧；也就是有脊梁，有格局。

綜看日本、歐洲的貴族名流的食、衣、住、行，也完全不是電影般的誇張奢華。雖然講究品質，但是絕對是一般人都可以入手的。

那真名流是哪裡不一樣？

食：不在吃幾流餐廳，而吃相是一流。

衣：不在穿是不是一流品牌，搭配品味是一流。

住：錢花在別人看不到的，貼身、踏實的生活上。

行：公車、地鐵什麼都搭，路也走，只著重健康又陽光，因為這才是貴氣之本。

也就是真名媛不在食、衣、住、行上較量、誇示。

哪裡不同呢？一站在一流舞台上，就是一流。

有一次和朋友德川文武（舊制子爵，德川家族後裔）在東京的路上遇到他的表妹（是和皇室親王聯姻的後裔），她和幾位公司的同事用完晚餐，正要搭地鐵回家。（打個岔，在日本，親王的後裔在上班是非常普通。比如東久邇宮的後裔在電通、皇后雅子是前外交部職員兼翻譯、我在博報堂工作時，左邊是日本駐美大使的兒子，右邊是銀行總裁的兒子。只要五體健全，人人上班工作）。她拿著一個大大的公事包，外表和其他同事沒有差。過了幾個月，我在一個大使館的宴會又碰到她，她雖然個子小，但是她和賓客寒喧打招呼時的姿態，從容大方，背脊直挺亮麗，在高大的歐美人群中非常顯眼。英文不太流利，但是她能對大使夫人們完整的介紹日本茶道的起源。和其他人談起音樂、登山，都有她自己的經驗談。但是這些內容並不是因為她的家世，是每一個人只要付出都可以得到的內涵。家世好也不會自動升等成名媛。

新時代的名媛不再是「我不會……、我不做……」，新的里程碑是「我會，我做」。

名媛進化的不變法則

我們都是從原料開始，花一生的時間加工琢磨、提升的結果就是此生靈魂的成績單。

而要提升什麼？如何提升？這題目是如同「開悟」，是廣闊無邊又抽象。這是一個大工程，我將它歸納成二十個條件，完整的包括身、心、靈、知性和感性。此書也給社會下了「真名媛」的定義，以及努力的方向。

本書自出版以來受國內、海外讀者的支持，也收在紐約市立圖書館內，有此反響和共鳴實在是無比的幸福。

現在這本書進入了第十五年，內容做了最新的更新。而另一方面，這長時間也證實了，雖然世界進步快速，但是仍有永遠不變的本質和定律。相信讀者看完此書，將來為人父母的時候同樣會對下一代說——

成為一位國際規格的名媛是：

1. 有脊梁：樹立自己的價值觀，對自己的行為和精神有要求的水平。
2. 有格局：知識、見識和膽識使你在各種場面、國際間，都暢通無阻的自由翱翔。
3. 有優雅高端的品味、洗鍊的風度和儀態——Sophistication.
4. 健康、豐盈和善良是永遠的方向。

1

Part

名媛的脊梁——第一印象三分鐘內決定

會打扮，肯花錢，現在是美女滿街的時代了。
但你有沒有想過，「外表」也包括「舉止」嗎？
舉止才是氣質的門檻。
十個舉止習慣，也是萬國共通的高雅的基本，
今天就開始吧。
表面鍍金 OK ！鍍金鍍多了自然成真金。

1
Chapter

名媛的脊梁——第一印象的十個要點

名媛的脊梁在於擁有羞恥心的價值觀。

虛榮心是對著別人的目光炫耀；羞恥心是對自己的精神和行為的要求。即使沒人在看。這就是自尊。

有想過「外表」也包括舉止嗎？舉止是氣質的門檻。第一印象不是臨時裝出來的，是平常要養成的習慣。即使沒人在看時。

你會這樣嗎？

在車廂裡，反正誰都不認識，坐相難看，雙膝沒併攏；鞋子上有污泥；彎腰駝背地坐；張大嘴打呵欠；在大家面前拿起鏡子化妝……

我的小學同學經營一家高級溫泉旅館，深受政要、富商、名流的喜愛。我每次來臺灣都會去泡湯，然後和她在前廳聊天。因為是相當高的消費，一般人不太會去，只有兩種女性在此出入，貴婦名媛或是應召職業（她私下告訴我的）。有一天非常吸睛的女士坐在前廳，身材一流，穿著打扮都是一流名牌，美麗的臉龐也不濃妝豔抹；於是我猜想必是前者，不是後者。正在欣賞時，她的電話一響，「喂，我在等了啦！」她一開口是粗啞的大嗓門。並且在講電話時，穿著裙子的雙腿大敞開、伸直、搖抖，又拿出小鏡子照臉補妝；也看到她鑲鑽亮晶晶的高跟鞋鞋跟已磨掉了底。我想這就是答案。

不少次搭車時看到對面坐著美女，想多欣賞一下。但是一些人卻連一眼都經不起「細」看。通常第一眼會吸引人的不外乎是姣好的面貌、衣服搭配的品味或是手上提的華貴名牌皮包等。但將欣賞範圍再稍微擴大一點時，很容易馬上變成了失望。

要知道，三分鐘內決定你給人的第一印象；第一印象左右你的機遇，影響你的一生。

在公務上，私交上的第一印象，對方無意間會觀察的是這十點：1.外觀。2.打招呼。3.表情。4.站姿。5.坐姿。6.走姿。7.手勢。8.談吐。9.禮貌。10.貼身小物：手帕、筆等。

這都是默默地在被打分數的哦。

1. 外觀的第一眼是頭髮、化妝、衣著、鞋子和指甲，及格的底線在哪裡？

頭髮的底線

首先要分別公與私的髮型。

「公務時髮型」的重點是，工作時第一要講求乾淨、開朗的印象，所以盡量不用遮蓋住臉部的髮型，避免給人陰暗、頹喪的感覺。即使不是服務業，也要給人有信用感、乾淨開朗的印象。

至於私底下的髮型要性感、美豔，任你發揮，但是要知道，髮質重於髮型。髮質會誠實暴露一個人的生活習慣，像是抽菸、節食、熬夜等會使荷爾蒙失調，造成細胞再生能力低落。染髮和燙髮需要護髮及注重蛋白質、亞鉛、維他命B群的營養攝取。並且男性基於繁殖的本能，他的DNA讓他在下意識裡會選擇健康的女性，這就是男性會對一頭亮澤的頭髮感到有魅力的緣故吧。

化妝的底線

日本女性大概是全世界化妝品用得最兇的民族，連大清早去倒垃圾也絕對會化妝不露真面目。這是一個極端不必學，但是臉也有「ON」和「OFF」之別。

平常在辦公室內化不化妝沒關係；若是要去一個正式場合或是和重要客戶見面時，也就是「ON」的時候，就須化個妝。即使你天生麗質不用打粉底，還是擦上淡色的口紅；化妝不光是為了更美，它的意義在於區分「臉的外出服與家居服」。「ON」的臉是尊重對方、尊重場合的一個釋意。

衣服、鞋子的底線

仕樣流不流行、貴不貴是其次，重要的是T（Time時間）、P（Place場所）、O（Occasion場合）詳細說明於後章。

真正講究時尚的人都知道這些細部才是被打分數的地方：領子和袖口不髒、不縐；鞋尖和鞋跟無塵土、不破損；不要讓這些小污點成為全身的缺點。

指甲油、指藝的底線

指藝真是個藝術，日新月異無上限地進化，但是兩個最基本的及格底線要守住：

①注意TPO，即公私之分。不要把昨晚和男友約會或是赴宴用的超長、閃亮繽紛的指藝，第二天帶著去談公事，不太有品。

②無論指藝或指甲油，只要十指其中一指缺了一小口（對方絕對看得到）會給人邋遢不潔的感覺。反而什麼都不擦還讓人覺得有清潔感。

愈要追求性感美豔，愈要注重及格底線，不然容易淪為沒品。

2.打招呼呈現父母家教、有沒有見過世面

你知道英文的招呼語「Hello」是誰發明的？

答案是：愛迪生。

在愛迪生發明電話之前，美國人沒有打招呼的辭語，見面時只微笑或是用眼睛示意友善而已。電話是人類前所未有的溝通工具，只聽得到聲音看不到臉，那這該如何示意呢？於是發明了打電話用的招呼語「Hello」，之後發展到生活中。

之後新的招呼語也不斷產生，如「早安」、「午安」、「一切都好嗎？」等等。打招呼的習慣普遍後人與人之間才不再像以前那樣寡言不親，所以招呼是人際關係潤滑油。在「招呼文化」方面，華語常用的招呼語不外乎「你好」、「早」，台語則是「吃飽沒」、「你來了」，比起英文、日文要少許多。

一些值得向外國學習的是，比方在日本最時時上口的招呼，除了一般生活上的「早安」、「你好」、「晚安」、「請安眠」之外，在職場上可就多了。上司從外頭回

辦公室時說「您累了」；同仁回來時說「辛苦了」；要下班時對其他人說「我先失禮了」；當客戶打電話找某某人時也必先說「經常承蒙您照顧，麻煩請稍等」；對第一次見面的人則說「初次和您見面」等等。這些招呼辭令每一個人都用得像呼吸般的習慣，是職場重要的潤滑油。

試想，即使你不喜歡辦公室裡的某人，但當你累了一下午，從外洽公回來辦公室時，他的一句「辛苦了」，誰心裡會不舒服呢？

會不會打招呼也顯示一個人的父母家教和有沒見過世面。**第一次見面的招呼，表現出你重不重視這個會晤**。它可以是一個關係的開始，也可能因而結束。這和你的個性內向害羞無關，第一次見面一定要以朝氣十足的聲音說「您好」。不能只微笑或點個頭草率了事，那是沒見過世面，社會人不及格。

3.表情、視線和你當下的心情無關

表情和視線也是一種無言的打招呼。初次見面最重要的是表情。即使你剛剛被上司訓過，和男友吵架，也不把情緒帶進打招呼的表情。這也是家教。

一位剛出社會、不懂得社交禮貌、手腳放哪兒都不知所措的人，但是只要他露出真誠的眼神和燦爛的笑容，任誰第一眼都會有好印象。相反的，衣著儀表雖是一流，但是打招呼時只看對方一眼就撇開眼睛，是不友善、輕視對方的失禮態度。（聽說黑道兄弟敬酒時要眼看對方到喝完為止，是不是基於這個原因，有機會幫我問一下☺。）

以英國人為例，他們特別注重「注目禮」，握手時必直視對方的眼睛至少五秒以上，表示你在意對方的存在。受到重視，誰不開心？（但是也別會錯意哦。）

4. 站姿顯示你對人生的姿態

名媛的脊梁顯於脊梁。全世界的名媛都一定是姿勢挺立。

筆者常說：「**一個人的姿勢就是他對人生的姿態**」。正向、心胸坦蕩、朝氣、進取的人從端正的姿勢看的出來。一個人的氣顯於骨架。

站姿好是靠平時鍛鍊出體幹的核心肌群（方法在第十二章），但是要臨時「應急」的話，祕訣是：提高腹部，自然就會豎直腰桿和背脊。雙肩稍往後、放輕鬆。你會發現站姿好，心肺也就舒暢、腦也不缺氧。所以若是在工作發表會上長時間維持正確的站姿，頭腦不會疲勞。

如果只以不吃油、不吃肉的方式節食，會導致骨骼疏鬆、肌肉纖弱，使骨幹挺不直，即使瘦也不美。韓國總統夫人金建希女士是個例子。和她像少女般的臉龐相反的是她彎腰駝背、走路時雙臂無力垂晃著，整體感覺就是老態龍鍾。能夠昂首闊步、朝氣十足，是證明生活起居飲食都做對了才能達到的境界。

與其以化妝的高技巧，不如一個挺立的姿勢。你的每一個細胞散發出的活力會刺激他人的靈動，這才真讓人印象深刻。（這也是量子科學，詳細在第十二章）

5.坐姿暗透你的資歷和對對方的想法

坐姿很重要，因為坐的時間比較久。你是慵懶地靠著椅背，還是直挺著腰桿坐？是雙腳平放，還是翹著腳坐？淺坐？深坐？從各種的坐姿可以看出雙方的上、下關係，敵友，強弱關係。

無論是和熟朋友一起吃飯或是正式開會，都盡量養成一個正確又美麗的坐姿習慣：「**豎直腰桿**」及「**合攏膝蓋**」。腰一挺直，胸和背就會自然挺起來，全身的骨架也就定位了。端正的坐姿可讓全身氣血流暢，即使長時間坐著仍能保持頭腦清晰。

不要說穿裙子的時候膝蓋一定要併攏，這是女人的羞恥心之底線，即使穿粗獷的牛仔褲，平時就要養成雙膝併攏的習慣。

至於可不可以翹腳呢？

英國王室前王妃梅根有一次翹著腳坐在伊麗莎白女王旁邊，引起了爭議。王室法典並沒有禁止翹腳的規定，只是國民比較喜歡看凱撒琳王妃含蓄得雙腳著地的坐姿。翹腳並非失禮，主要是因為在旁邊的伊莉莎白女王是雙腳著地。翹腳是顯示你和對方的輕鬆度。

但是該輕鬆時就要輕鬆，請自己拿捏。若對方是不熟的長輩、上司，則一定要雙腳著地、傾斜一邊。和熟人一起時，翹腳的優雅作法是：兩腳要密疊著、傾斜一邊。

我發現世界一流的女強人、貴族或是名媛的一個共通特徵是，坐姿美麗。我想是因為經歷一流場面愈多的人，也就是經常必須坐姿正確的人，會自然的鍛鍊出支撐坐姿的核心肌群。肌肉是會透露祕密的。

6.走姿

「從一個人的走路姿態可以得知他的社會階級」，這是自古在英國就有的說法。大家都知道走姿重要，但是真的有做到嗎？正確的走姿是一個全身的運動：挺直腰桿、由腰往前進、雙肩往後。走時雙膝稍擦碰。腳著地後、伸直不曲膝。走路不是只用腳，是驅動廣域的肌肉，這樣走即使穿高跟鞋腳也不會疲勞。剛開始十步誰都可以做，而能持續下去就需要平常鍛鍊出腹肌、背肌和伸展小腿後部肌肉和阿基里斯腱。

你相不相信從背後看一個人的走路姿態，可以想像出他的臉？這不是通靈，走姿如同站姿，也突顯一個人對人生的姿態。比方走路內八的人的共通點是，較消極、較易受影響；外八字的人大都神經較粗。筆者的一位老朋友高澤先生曾是NHK大河劇的製作人，他曾說，「在背後看到走路直挺，腳步俐落的女士，光看背也會著迷。」走姿改變、人生也會變。從今天開始練習吧！

絕對不能犯的是，走路不可出聲。除了高跟鞋發出一步步輕脆短快的著地聲之外，穿不合尺寸的鞋子拖著鞋跟走，或是大聲踏步走，都是非常粗野又邋遢。即使不想當名媛也不要這樣走。

7.手勢的粗、雅

有句話說：「手是你下意識的臉。」意指臉的表情可以演戲，而手的表情才是你真正的意識。日本有一位男藝人全身上下都變性成功，穿著打扮都比女人還媚呢，但是當他說話時的手勢又粗又硬，真是本「性」難移。

有人說：「若是把義大利人的手綁起來，他們就不能說話。」因為義大利人說話時的手勢特別多。手勢是傳達意念的一種語言，甚至說「手勢勝於雄辯」。它可以幫你加分，也可以減分，平時就要養成優美手勢的習慣。

指東西、指示方向時，絕不用一根指頭指，這很粗魯，也是教養的底線。要用整個手掌比，手勢就柔順多了，優美的手勢也是女人的一個裝飾。

不過現代名媛的特徵是堅實派（hard-boiled），承當社會重責，也要衝鋒陷陣，哪能事事都輕聲細語、有時也需要氣勢滂薄。若是站在大眾前演講，手勢誇大是OK的。若是坐在桌前只看到上半身，比手勢的一個要領是，不要太超過自己肩膀的範圍就不會粗魯。

手、手勢比你想像得更受矚目。手和臉一樣要注重保養。需要碰水的家事要盡量戴塑膠手套。纖細的美手比指藝更耐看。

8.有氣質的發聲和談吐

雖然名媛不是靠表面裝的，但是只有這一點拜託裝也裝一下。大嗓門就是粗野！特別是在室內的公共場所、餐廳，就是個公害！

除了喊「救命」之外，平時沒有必要放開嗓門說話。嗓門的控制代表品行。會控制嗓門的動物只有人類。

另一個談吐的基本但會被忽略的是，咬字要清晰。口齒含糊給人邋遢感。並也透露一個人的交友水平↓大多是和可以隨隨便便的人來往……。

如果和初次見面的人要更進一步深談較敏感的話題時，盡量善用緩衝的「軟墊語」，讓對方先有心理準備，才進入核心話題。比方「對不起，恕我直言」、「不好意思問個私人問題」等等，這樣即使對方覺得問題不妥或是不想回答，也會因為事先有「軟墊語」緩衝了心裡的不舒服。

其他例子像是：「我不知道問你這問題，方不方便……」、「希望你不介意，我說直一點……」、「我想您大概有不同意見，不過我認為……」等，**表現出你有先思慮到對方的立場和感受**。這些緩衝語是很管用的潤滑油。

9.你有沒有坐錯位子？

在學校的教室都有規定坐位，所以從來不必想這個問題，而成了社會人之後，當你進入會議室、會客室、餐廳，面對這麼多張椅子，就得思考誰該坐哪兒？席次是一個重要的社會教養。坐錯了位置就像踩到地雷，會在人際關係中留下後遺症。

若是社會新鮮人，在公司裡開會誤坐了主席位子，前輩不會見怪，但若已有些社會分量的人在重要的公事場合不分上、下座，坐錯的話可能會讓對方覺得你在輕視他，而使氣氛惡化。不要小看這個社會常識。

每個會議室、會客室、餐廳的設計不同，座位排法也不同，但是共通的**識別上、下座的基本法則：**

上座是①離門口最遠，②靠牆、不靠走廊的位子。反之，下座是離門口最近或靠走廊的位子。

辨識出上、下位之後，接著是考量出席者的年齡、身分和當天的立場及角色。

女士不必只被動等著被安排座位，比方有客戶來訪或和上司前輩用餐時，女士可以主動率先請他們坐上位。**可以立刻判斷出席次，讓在場的每一個人都坐在最恰當的位子，這顯示出社會名媛的造詣。**

10.貼身小物品：筆、手帕、小手冊、名片匣

現在是滿街時尚美女時代了，大家或許會認為自己身上最顯眼的是衣服、名牌包、手錶、首飾？不，其實這些大概三秒就略過了，因為大家大致上沒什麼差別，所以反而是在容易輕忽的小地方，如鞋尖、袖口、指甲和隨身的小物品，讓人印象深刻。

名媛是哪裡不同？價值觀。

名媛不會只追求方便和CP值。

對天天用的、貼身用的、別人看不到的、不是炫耀用的東西，反而特別講究。

漫不經心的拿出一枝上好的筆書寫；洗完手後拿出一條美麗的手帕擦拭；這些小動作都似乎窺探到她的價值觀。

聽過一對夫妻回憶兩人初次約會的情景：男方身上濺到醬汁，女方急忙掏出手帕替他擦拭。過了許多年，他對那天她穿什麼衣服和被醬汁濺到的事都沒印象，惟獨她掏出的那蕾絲手帕仍深深印在心中。

有一次我參加一個講座，講師是新聞社的華盛頓特派員，題目是滿艱深的金融問題。講師一邊專心演說，一邊拿出手帕擦汗，他的手帕和領帶是成套的花樣。就是這麼一個小動作，讓人對他的好感更深一層：高知識人同時又具有細膩的服飾品味，真是位全方位的人♥。

有一次在朋友家和一位日本年輕偶像見面。她那天穿著簡便的牛仔褲，而當她要書寫時拿出一枝上好的鋼筆，我原本對演藝界不太在意，這一下子對她刮目相看。原來她不只是會唱歌跳舞，同時也有注重文房四寶的價值觀，令人嗅到她的書香氣。

在工作場合，看到一個人拿出一本皮質的記事本或筆記本，可以感覺他是有系統地在管理時間、作業；交換名片時，將對方的名片小心翼翼的放入端正的名片匣裡，可以感到他很習慣正式場面，必有很深的社會造詣。

你還有什麼貼身小物很講究的？

手帕永遠不會被即棄手紙取代，筆和小手冊也永遠不會被手機取代。這些拿在手上有實體溫暖的東西，永遠不會過時的。

在經濟範圍許可內，愈貼身的東西愈講究，這會不知不覺中為你的氣質加分。

2

Chapter

三分鐘內留下印象的社交達人

擁有名片，並不等於擁有人脈。
最高段的社交術是，讓人覺得你不是在社交。

高段社交術

「社交場」的有趣之處是：它像似一個給你打綜合分數的考場。打什麼的分數呢？

1.對異性：自己的外表裝扮，談吐舉止是否有魅力？這可以從和你交談的男士的反應感覺出。

2.對同性、長輩和對任何人的禮儀風度是否正確得宜？這也可以從別人的神態反應看出。

3.最重要的是，你有本事和任何人都有交集的話題嗎？社交場更是考驗你的教養考場：自己平時對於新聞時事、文化教養知識的吸收程度。

不少人誤以為最高段的社交術是八面玲瓏、能言善道？不，反而是讓人覺得「你不是在社交」。

前章提到「第一印象是三分鐘決定」，也有研究說是「七秒鐘內決定」。筆者將它「緩刑」為三分鐘，是因為即使剛開始表現欠佳，還可以用接下來的實際交流挽救☺。

做到以下三點，即使與你短暫交談也能留下良好印象。

要瞭解一個奧義：**擁有名片，並非就擁有人脈。人脈是從有交集開始的**。

1. 有深度的交集話題

一接到名片，你有本事立刻**找出一個和對方有交集的話題嗎？**

你問得好，對方就答得多；你問得愈專門，對方就回答得更深入。如此一來，一個真正的、深層的交流就開始了。這就是超越了「社交」。並且，看到你的名片上並不是這行業，而為什麼會懂這麼多？當你勾起別人對你好奇的欣賞，這就是你平時吸收的知識，內在的實力成為了魅力。這不是招術。

2. 具體又帶邏輯的讚美

一見面，在不說謊、不拍馬屁的前提下，你有本事**找出三點讚美對方之處**嗎？讚美是初次見面時最好的「破冰器」（ice-break），也是社交時最好的潤滑油，這是讓對方感受到你釋出的好感及善意。

對讚美，有人會以為「那是為了討好。以我的身分，不需要去討好人」。「讚美」和「拍馬屁」哪裡不同？有目的的讚美就是討好、拍馬屁。

你會說：「他就是一般人啊，哪來那麼多可以讚美的？又要發自內心的？」這又是個不靠技術，是靠平時培養出對人的小優點都敏感的一顆心。雕刻家羅丹說：「世界不缺美的東西，只缺去發現它的眼睛」。比方便利商店的店員迅速替你找到商品，就稱讚他：「哇！你效率真好」；店員的髮型好看就說出來「很適合你。」他們都是只擦身而過，沒有利害關係的人。多讚美也是訓練自己對美對好的敏感度。並且當別人高興，會散發出高頻率的生物光子（第十二章述），自己會因共振也得到快樂☺。要注意的是，讚美也是一門藝術和工夫。有的讚美令人肉麻，有的一句讚美就點到穴道。最上乘的讚美是「具體又帶邏輯」，不是表面工夫的外交辭令。舉例而言，一句「你的衣服很美」，如果說得更高明一點，就是「這衣服鮮豔的顏色，配上你高挺的氣架，真適合」這樣加帶一個邏輯，有具體理由的讚美，就不會讓人覺得是虛假應酬。

3. 幽默（但不必勉強）

有幽默感的人是宴會上的開心果。

幽默感也是社交最好的破冰器，讓人留下印象。筆者曾在某個宴會上和一位外國人交談，當我說：「Oh, you are French！（哦，你是法國人！）」他立刻裝著愁眉苦臉地自嘲說：「No one is perfect.」（沒辦法啊，世上沒有完美的人。）這樣隨手拈來的幽默，時隔多年仍會令人莞爾一笑。

不過，幽默感大多是與生俱來的，不要刻意做作，即使是木訥的人，其實只要「誠懇」，也就是對眼前的人聚精會神，進入一種mindfulness（正念）的狀態。如此專注的神情，即使是短暫的交流，也會令人印象最深刻、最好的社交術。

社交實力就是內涵的實力

要培養高段社交術，平常要有求知欲，交流的時候平常心。

求知欲旺盛就會擁有各方面知識，可以和跨國、跨行業的人有交集，並深入話題；平時就對別人的優點敏感，有此愛心的話，不分場合，不分對象，讚美詞會自然又深入人心。所以社交達人話題豐富和製造好氣氛的讚美，都不是為了討好，而是別無目的平常心。

高段的社交是在於「心」，不在於「術」。

如何和陌生人社交？

社交的樂趣在於和不同業界領域、不同人種文化的交流拓寬視野。能夠在陌生的人群內愉快地度過一段時光，這是擁有洗練的社會成熟度和全方位淬鍊的結果。

有勇氣單獨赴宴？

在宴會場，如果旁邊也是單獨來的客人，不論男女老少，不妨自己先開啟話題。人人有臉皮，誰都不想冒險開口與陌生人交談，但在宴會裡不是在大馬路上和路人甲乙的搭訕，一定都是和宴會主人有關係的，篩選過的人。先開口的人是「有風度的背負十字架」，是美德。所以若是別人先開口，無論順不順眼都要禮貌的回應，並努力提供一些話題。

不讓對方尷尬是基本的風度，也是擴充自己社交能力。

和陌生人展開話題，不要馬上問及對方的個人資訊才不唐突，從無關痛癢的，以第三者為內容開始。比方：「今天的客人好像大多是文藝界？」、「這位作者過去寫過什麼書？」由淺入深。但有時一針見血的話題也印象深刻，一位先生接到我的名片就笑著說：「你們電視公司是右翼！」不過重要的是他沒有個人情緒，是羅列出一些社會現象讓他這麼覺得。這一來就可以愉快交戰一個鐘頭了。

不過宴會上對話的目的，不是要辯論或是追究結論，要懂得適可而止。

如何和討厭的人社交？

宴會上一定會碰到不懂社交禮儀的人；比方劈頭就問及私事，這時你完全不必勉強回答。

如果對方不斷問：「你幾歲？」、「住哪？」、「和父母住？」，請不要認為「名媛」就是要逆來順受裝作有風度。完全不必忍耐，「噢，對不起，我的朋友在那裡」，找個理由走開。讓對方知道那是個冒犯，也幫助他長進。

◆你看不順眼的人遞給你名片，你也一定要回遞一張嗎？

若是在商場公事上，是的，一定要回遞名片；但是在宴會上，是私人時間，你可以自由決定。若不想給就說「對不起，今天沒帶名片」，對方才不會沒面子。

◆看起來不舒服的人要和你握手，如何有禮貌的回絕？

並非所有的男士都知道國際禮儀——男士不應該主動向女士要求握手（是尊重女士的選擇的意思），這是可以見諒。但是若你覺得和這位男士握手會不舒服的話，不需勉強，就向對方一鞠躬代替握手。如果他仍然要握，就對他再鞠躬；這不但表達了「敬意」，沒讓他沒面子，又可保持距離。因為握手是西式禮儀，鞠躬是東方的傳統，這時就假裝扮成「含蓄」的東方女性吧！

高段的社交術是既會「交集」，也會「空集」（ϕ）。

Chapter 3

測量自己的知性、感性全方位的舞台——社交

社交，是反照自己內涵的真實力。

今晚有個名人的新書慶祝宴會。赴宴時間要刻意晚一點到，以免被認為是太閒。會場有各種業界的人士，趁此多開拓人脈、多認識一些人，就盡量發名片。用餐時和旁邊的陌生人開始交談，但是年齡、業界和我都不同，真是沒有話題。他說他的，我虛意應付，又一邊探望四周……今晚要以發完這疊名片為目標。

你會這樣嗎？

社交的意義

社交，就是與人交流。而交流什麼？這就是考題。

和各種不同年齡、業界的男性、女性、前輩、晚輩在第一聲「您好」之後，立刻什麼話題都可以勝任暢談，不是一件簡單的事。這是你平常生活中吸收的知性、感性的一個成績單。社交是給自己打個綜合分數的機會，看看這三點，你得幾分：

1. 首先是外表。打扮、衣著對不對場合？
2. 各輩分之間的禮儀對不對？給人的第一印象如何？懂得進餐禮儀嗎？
3. 你的感性、知性和文化教養拿得出去嗎？還是和誰都沒話題，好無聊？

這三點的成績分數可以提醒你瞭解自己的優、弱點。

首先，對於赴宴的時間，愈懂社交的人愈早到。早到有許多好處：可以不必被堵在門口的人群堆中；並且早到、人尚少的時候，宴會的主人比較有時間能夠交談，也有空介紹一些新朋友給你。人少時也較能夠和新認識的人更深入交談。宴會早到可以餘裕十足的慢慢享受美酒、佳餚，並和平常碰不到、不同業界的人交換知識，這就是社交的愉悅。

宴會開場後，過了二、三十分才氣喘噓噓地跑進會場、慌忙拿飲料、取餐，隨便和其他客人交換名片，不知道要交談什麼，表面上虛應一下。要結束的十分鐘前又匆匆離開，趕去下一場……

這樣東趕西趕，好充實嗎？名媛不「跑趴」。

若以為社交就只是去表面虛應而已的話，那沒有必要去。因為你是不是在表面虛應，對方看的很清楚，也不會對你留下任何印象。就像政治人物，哪兒都露臉敷衍虛交一下，他下了政壇後也一切空空。

年紀輕時，多看看世面是很重要。一晚上軋好幾場，名片拿了一疊五彩繽紛很過癮，覺得：「哇！我認識好多人！」但是年紀過了三十歲，就應該懂得如何選擇，將時間精力灌注在某個焦點。真正的名媛社交是不以量，要以質作有內容的交流。

各路人馬共聚一堂，或許魑魅魍魎，也可能臥虎藏龍，每個人抱著不同心情和目的前來。有人為了公事想開拓更多人脈；有人想交交不同業界的朋友；有人則清心寡慾只來吃吃喝喝聊聊。社交的意義每個人不同，但是「您好」之後就「……」沒聲音了，很可惜。不管愛不愛社交，既然出席了，被介紹了，提供話題是一個基本的義務。

當你一接到對方的名片，能夠馬上說出一個和對方業界有關係的話題，這是個漂亮的成績單。

即使和不同業界的人只能有粗淺的交談內容，也會因此刺激你今後對那個業界的注意，這就啟開了你新的智慧的一扇門，博學之路的開始。愈有知識的人就問更深的問題。有深度的問，就引出有深度的答，這就是開啟一個上乘的交流。讓對方留下印象的交流，才是一個成功的社交。

社交必知的三大禮儀

社交除了測量你知性、感性的程度之外，也是展現社會成熟度（Sophistication）的機會。參加宴會首先要注意的是得宜的服裝。一般邀請卡上會註明dress code是正式或便服。但是「便服」不是休閒服喔！還是盡量別穿平底鞋。外觀OK了，接下來是舉止。宴會上的三大禮儀：人際次序的禮儀、進餐的禮儀、禁忌的話題。

一、人際次序的禮儀

在宴會上當你要介紹或是被介紹各種身分、輩分不同的男女的時候，你都有最適宜的禮數以對嗎？

■介紹的順序，要先介紹男？女？

■握手是由誰先伸手？

■如何遞名片、接名片？

這三點是展開一個新關係的第一個動作，它有國際禮儀規定的作法（Protocol）。和第一次見面的人，這三步作得順暢悠然，就已透露你必是經歷過許多正式、一流場面的人。

答案

■介紹的順序：**先把晚輩介紹給長輩，先將男士介紹給女士**。它的意義是，尊重長輩和女士，所以先讓他們瞭解對方的資訊。

■握手順序亦同。**晚輩、男士不先伸出手，要等長輩、女士伸出手才握**。是尊重他們意願的意思。所以女士想握就大方先伸出手。

■**名片是代表一個人的人格，無論對方是誰，一定要用雙手接遞**。接到後，雙手捧在胸前的高度靜看、唸一下名字後再收入名片匣。拿著對方名片的手不要垂下來，這樣很無禮。

二、立食用餐的禮儀

在宴會上若是看到一個人吃相粗野，避之唯恐不及了，誰會想去和他交談？吃相是你在宴會上重要的門面。在此強調幾個常見的、絕對別做的粗相：

取餐

例：常見特別顯眼、無品的行為是：去長桌子取完餐後，就緊靠在長桌邊開始吃。

↓取完食物後立刻退出長桌，不要阻礙別人取菜。就站在食物旁邊以方便拿的這個貪相很難看。應該走到會場邊的小圓桌附近站著用餐。用完的餐盤、空杯就放在小圓桌上，絕不放在長桌上。站著進食的姿態要注意，挺直背，不要彎腰低頭吃。

例：一次拿兩個盤子取餐。

↓這個貪相很難看。若是替別人拿，也一次拿一盤。

例：一次拿太多食物。冷、熱、乾、濕食物都同盛一盤。

↓這又是個難看的貪相。取菜的順序和平常一樣，先取前菜、主菜、甜點、水果，一次不要拿得堆積如山，也不要剩一堆在盤裡。

例：一個人在場內很尷尬又無聊，就坐在靠牆的椅子，一個人吃喝著。

→這一下子犯了兩個錯。第一，不當「壁花」。既然參加了宴會，卻無聊地靠著牆，沒興致的樣子讓別人看起來也掃興，破壞氣氛。宴會的氣氛是靠每個人的貢獻才能維持的。第二，牆邊的坐位是「博愛座」，是給老弱、身體不適的人休息用的。立食宴會就是要站著。

單獨赴宴誰都不認識但是不必尷尬，因為會場內也不少人是一個人來的。拿杯飲料或一邊進食一邊大方主動和旁邊的人交談。相信我，大家都害羞，在宴會有女士來搭話沒有人會不高興的。或者就上前告訴主人，今天你一個人來，請他介紹幾個朋友。

三、話題的禁忌

話題的禁忌是社交禮儀的一個重點。

例：不談政治、宗教，除非你有把握對方和你站同一邊。即使你倆志同道合，但是在場的其他人聽到也可能招致反感，所以避免挑釁性的話題。

例：話題的另一個禁忌是，「不談脖子以下的話題」，即不談黃色或生病的話題，這也是國際常識。

例：接到名片，得知對方的職業，就以對方的專業為話題，是最方便。而也要注意一下，有的人就是為了紓解工作壓力，想忘掉工作才來參加宴會散心，而你卻追根究柢地不斷問著他的工作內容，會讓人煩燥。他一定會在臉上示意，眼神不想積極談或是岔開話題時，對這些信號都要敏感一點。

例：不要趁機占人便宜。舉個例子，在宴會上被介紹了某律師，就趁此問了他許多法律上的問題，結果過了幾天接到律師事務所的帳單。除此，在別人的歡樂時間深談自己的問題，也是不太有品。

平時孕育出來的知性、感性和禮儀，使你在陌生的宴會上也能自在悠遊。這是給人最大的吸引力。

4

Chapter

在餐廳約會，暴露假淑女的舉止

如果問，真名媛的第一個條件是什麼？

那是餐桌禮儀。

餐桌禮儀透露一個人的出身教養（和貧富無關），和生活文化水平。

真名媛不在於上幾星級的餐廳，在於用餐的禮儀和品味是幾星級。

餐桌禮儀有一套國際共通的標準。但是不必擔心，任何人都是從零開始學習的。

在餐廳約會人人都想表現良好，但是要小心一些你誤以為是「文雅」，其實是傷大雅的舉止哦。男女之間的互動，和餐廳的互動也有一個國際標準的禮儀作法。

餐桌禮儀

人人都愛美，而為什麼進食的時候就可以不愛美了？「吃相」是你的另外一個臉，你有多少信心？

妝化得再美麗也會被難看的吃相蓋過。因為「吃」是動物的本能，所以不控制吃相就很容易「淪為動物」。並且在餐桌上，面對著同伴兩個鐘頭下來，你的吃喝動作經得起看嗎？

吃相是一個深層的面相，透露出一個人的出身家教、生活文化和交遊水平。日本曾有個電視節目，每次邀請兩位來賓，大多是大明星或是各界名人。各吃四道菜，其中一道是最痛恨、無法入口的菜，但不形於色，讓對方猜是哪一道。我有興趣的是：可以看到大明星平常看不到，也意料不到的一面——吃相。許多次和外表不符的意外吃相，可以翻轉整個形象，但是那才是他的深層面相。

比方有一位女星經常標榜自己是名媛貴婦，而一開始吃東西是吱喳咀嚼、拿筷子像握著拳頭、帶骨的羊排是整塊拿起來啃。反之，一位搞笑女藝人的吃相高雅又自然，甚至高檔的禮儀——壽司和綜合生魚片的吃法順序（日本料理吃的順序很重要），以及土瓶的吃法都正確又從容自如；似乎窺探到她貴氣的一面。

講些男生的例子吧，更可以刺激讀者☺。

世界網球明星錦織 圭，他獨特神猛的球技Air-K時速快達兩百公里。在美國長大的他進食時，和他兇猛的球技相反，是高雅、規矩、一絲不苟。我想這是他對自己一切的要求水準。

日本搖滾樂團X-Japan的Yoshiki每次在上萬人的現場演唱會要結束時，他會嗨到把整個身體砸進他的打擊樂器堆裡，然後用吉他瘋狂地打破全部的鼓。但是他的進食是最高的禮儀典範：打擊樂器所練出來的核心肌群和體幹，他直挺腰背的坐姿，兩手腕輕靠桌際，食物入口時不低頭，額頭朝前方，咀嚼時緊閉雙唇。（女孩們啊，有沒有輸給男生？☺

Yoshiki大多時間住在好萊塢，他的交遊圈是世界一流人士，所以必講究舉止儀態。他是美食家，也在納帕（Napa）有自己的葡萄田和酒莊，釀他自己名字的酒。他一切都追求登峰造極，必然的，也要求自己的格調、禮儀舉止要和自己的成就對稱。

另一個可以鼓勵大家的例子是木村拓哉。他有一段大概只有我注意到的「黑歷史」——過去他在SMAP x SMAP節目裡常有吃東西的鏡頭。這麼說對他的粉絲不好意思，他的吃相很難看——咀嚼時嘴巴不停的東歪西扯又齜牙咧嘴，什麼美不美男子就是令人噁心。過了數年後，二〇一九年看了他主演的「天才主廚餐廳」。我平常不看劇，是對料理有興趣。我發現木村的吃相跟之前完全判若兩人。劇中有許多他試吃自己新創料理的鏡頭，他的姿態、吃法和前述Yoshiki的典範一樣。

據說此劇在巴黎拍攝了一個多月，我想是不是因為他經常出入當地的一流場合而受到薰陶，發現自己的不足而改進。總之以他為例，任何人都是從零開始的。餐桌禮儀是國際普世重要的價值觀，只要你認知它的重要性，從今天起就可以開始學，這會是一生的財產。

速成餐桌美女的六個基本禮儀

高雅的進食，在餐桌上自己就是一個賞心悅目的美景。只要做到以下六點基本的禮儀，就可以上大雅之堂不出糗。每一道菜都有標準的吃法。

這六點是不管你在路邊攤或是一個人在家吃飯，都要養成的習慣。養成了習慣，當你上高檔餐廳或是正式場合就可以泰然自若，開懷享受。

①**最好看的坐姿**：腰桿直立，不靠椅背，肩膀放鬆，雙手腕靠著桌際。進食時，沒拿餐具的手腕仍靠著桌際。

②**絕不出聲**：吃、喝絕不出聲。咀嚼時雙唇要閉著（平時要多練習）。絕不撞擊餐具或刮盤子。

夫。

③絕不埋頭吃：保持額頭朝前，面對同伴。

④絕不揮舞刀叉：刀叉絕不指人、指東西。放低使用。

⑤不亂塞進口：任何食物都切小或摺小於嘴，就不會沾汙口唇。多修練刀叉工

⑥保持盤內美觀：進食中要不斷地整理盤內的食物，不四處亂散。吃完後剩餘的骨頭等也都聚集中央。盤相的乾淨美觀是重要的禮儀。

和男士一流的互動，這些舉止暴露假淑女

高級餐廳不是有錢就可以去，也要有去得起的禮儀。因為當大家在享受高雅的氣氛而舉止粗野的話，不止是自己難看，破壞氣氛也是公害。

在餐廳約會是個甜美的時刻。男士與女士的互動有一套國際共通的禮儀。為什麼「紳士風度」是由「淑女」帶動出來的？何謂「淑女」？淑女是一切要矜持、害臊、被動、謙讓？

「客氣」和「小家子氣」是兩回事。客氣是禮貌，大方也是禮貌。假淑女是，以為被動、謙讓是客氣，但有時只是不懂社會秩序；以為慢條斯理是秀氣，但有時是小家子氣；以為是文雅的動作，其實是傷大雅。

有禮儀涵養的真淑女反而不會畏畏縮縮，她知道何時該謙讓，何時該大方領先。許多國際禮儀是以女士優先，所以真名媛是乍看優雅，但其實是有精準的拿捏進、退、快、慢。女方要懂得秩序，男方才得以展示紳士風度。

來檢查一下有沒有誤以為這樣是淑女？

①例：要當個小甜甜。在西餐廳，菜單來了，就說：「請你幫我點」，上了菜，也等待男士拿起刀叉自己才開動。

→如果你的男友是紳士的話，這頓飯永遠無法開始。

吃西餐廳就照西式禮儀，**一切是女士帶頭**：女士先入座，女士先拿起餐巾鋪在腿上，上了菜，女士就馬上拿起刀叉開始吃。女士不動的話，會害得男士餓著肚子不敢動。餐畢，要何時離席也是由女士決定，女士將餐巾放在桌上，表示要走了，男士才可起身。只有試酒時由男士單獨做。

西餐是各人吃一份，**是各點各的**，所以「請你幫我點」會讓人莫名其妙。最基本的點法是：前菜＋主菜。胃口好的話就加義大利麵、飯類或沙拉。飯後甜點是隨意。

點菜不必急，有點飯前酒的話，就一邊慢慢啜飲一邊仔細看菜單，愉快的思考菜色的搭配組合。點菜也是一門精緻的感性，呈現出一個人的品味。

另外，真淑女雖然獨立自主，但是不必單打獨鬥，也要讓男士有表現護花使者的機會。到了餐廳，帽子、圍巾自己拿下，不過身上的大衣由男士替妳脫；只要轉身背向男士，這就是示意：請他替妳脫。和男友在一起時，一切由他和「外部接觸」：點菜時，自己決定後告訴男士，由他對侍者點菜。想要水，也不要自己召喚侍者。點酒時，由男士決定，由男士試酒。若女士對葡萄酒專精，就輔助性的說出自己的嗜好，比方要紅或是白酒，葡萄的品種，甜、辣度等的建議。若不小心打破杯子、食物有問題、對服務不滿等，也都由男士出面。讓男人覺得他被需要，也是一種體貼。

②例：第一次和男友用餐，當然要表現淑女一點，一盤義大利麵慢慢吃，吃半個鐘頭。全部吃光好像不秀氣，就刻意剩下一些。吃飯時要靜默地吃，不說話才文雅……

↓用餐速度不宜太快也不宜太慢，熱食要趁熱吃，特別是麵類放久會變軟，麵的軟硬度是廚師精心計算的，不要辜負了廚藝。

日本料理和西餐是各人一份，務必要把自己的份吃乾淨。

與人共餐的目的是交流，只顧專心吃是不尊重對方，也給人飢貪的感覺。彼此在餐桌上的交流得到心靈的充實，一頓飯會更好吃。

③例：良家婦女不喝酒？別人替妳倒酒時就拚命擺手回絕；或是相反的例子，拼酒不輸鬚眉，什麼美酒都一口飲盡……

↓喝酒和喝醉是兩回事。身為現代名媛，懂得品葡萄酒是一門文化教養，但喝醉酒是無品。

西餐料理原本就是為了喝葡萄酒才創造出來的，西餐料理和葡萄酒彼此是相乘效果，就像壺要加蓋才是完整的一套。但是也絕不勉強喝，勉強喝是對不起自己，也是暴殄天物。

拒絕的方法：有人替妳倒酒時，不必掃興回絕，就說「一點點就好了」，這就表示妳不嗜酒。大家乾杯時就一起舉杯即可。食物不可以剩，但是飲料可以。

吃喝直接攸關健康，如果碰到有人逼酒（在歐、美是不會有此現象），可具體說：「我剛才吃了藥不能喝酒。」然後這種會逼酒、沒有開化的人不必再來往了。

那愛喝酒的淑女怎麼喝才高雅？

首先，**在進食時，有人替妳倒酒，這時刀叉動作稍微停下來，這表示謝意**。**要注意，高腳杯要放著，不要拿起來接酒**。女士不必替男士倒酒。舉杯時拿杯腳。正式的場合乾杯時，不碰杯。

葡萄酒的品法是一門學問（可參閱筆者的著作《品味的法則・餐桌的禮儀：西餐篇》），享受它千變萬化的色、香、味的複雜性是其愉悅之所在。所以一口飲盡，不只是沒品味，也極沒品，只為醉的話就直接灌甲醇吧。現代名媛確實是不讓鬚眉，但不是在野蠻的拼酒上。

④例：餐桌上純白的餐巾，沾上口紅油污不好看，就拿出自己的面紙或手帕擦嘴。桌上滴了些醬汁就拿餐巾擦拭，桌上的麵包屑不好看，就拍到地上……

↓在餐廳，除了擦汗用自己手帕，其他一切都用餐巾。即使純麻的餐巾看起來比你的衣服貴，也不必怕弄髒，餐巾就是用來擦拭嘴的油污。

桌上的麵包屑完全不必在意，上甜點前服務生會來清理乾淨的。若把它拍到地板上反而更髒。桌布、餐巾的歷史典故，是在中世紀義大利的郡主們要顯耀財勢，所以不惜用髒這些上質餐桌用具的意思。

真淑女知道何時不需要無謂的「好心」，不必幫忙清理，客人要有客人樣，如此和服務人員才能互動順暢。

⑤例：我愛美，不論何時何地都拿出小鏡子補妝、梳頭髮。進餐時也擔心儀容，就頻頻離桌去洗手間……

↓在大庭廣眾之下照鏡子、補妝、梳頭都是非常沒有品的行為。化妝只能在化妝室內。

在餐廳裡，一旦入座，到餐畢為止，是不離席。洗手間要在用餐前先去，或是等到主菜結束、要上甜點前的空檔去。在餐廳內，走來走去對周圍是騷擾。這是一個重要的國際禮儀。

⑥例：男友不小心打翻了杯子，女士趕緊呼喚侍者，又起身去替男友擦衣服……

↓餐桌上的意外是常有的小事，而若你大驚小怪，大動作的反應會更引起左鄰右舍的注目，這不是讓他更糗、更沒面子嗎？

我自己就經驗過這糗事。在一家美好氣氛餐廳的寧靜中，我弄翻了高腳香檳杯，我的男伴立刻彎腰下去撿碎片，他說：「反正是在我的腳邊嘛，就撿一下。」可是他這個大動作卻吸引了周圍人的視線，全都投向我們。我當場真的很想踢他一腳。

糗事最好的應對方法就是低調處理，如此也不驚擾他人，破壞氣氛。只要向侍者用眼神示意，不用呼喚。侍者對處理意外都很熟練，服務人員在處理時就交給他，妳就若無其事的轉換話題——「最近看了什麼電影？」、「你可以幫我修電腦嗎？」同樣的，將心比心，當你聽到背後有打破杯盤的聲音，絕對別土裡土氣的轉身去看。

⑦例：男士在付帳時，緊靠在他旁邊、盯著帳單……

↓和男友共享一餐之後，當男士去付帳時，有良心的女人都不會覺得理所當然。在他付帳的這五分鐘時間，妳做什麼？

紳士的作法是：在餐後趁女士去洗手間整理儀容時付完帳。若是一起離開時，男士去櫃台，女士在等候時的距離很微妙，要若即若離。太近，盯著他數鈔票，看他信用卡的顏色，不禮貌；站太遠或是先走出門外等候，又給人「你去付錢吧，和我無關」的感覺；最好的距離是，在櫃台和門口之間的位置，若有座位就坐著等。等他付完過來時再向他道謝。

吃一次飯，道三次謝。吃完飯後道一次謝；分手時道一次謝；第二天再以Line訊息道一次謝。道謝是不會被嫌多，常常道謝的女人很可愛。真正的優雅淑女並非高高在上，而是對小確幸常常感恩哦！

Part 2

女人的四大配飾，名媛的流儀

珠寶、皮包、香水、鞋子，
貴就是正式？貴就是全能？
用法的對、錯，很清楚。
只靠砸錢，用錯 TPO 是大忌。
這就是流儀。
品和品味才是名媛最強武器。

5 Chapter

珠寶是僕，不是主

今天和高中時代的女同學聚會。要讓大家知道我現在富裕又幸福，就將寶石盒裡最大顆的結婚鑽戒和十三釐米大的珍珠項鍊都戴上，讓大家羨慕一下。我的首飾全部都要真品，絕無仿品。這是我的自豪。

妳會有以上行為嗎？

小心，珠寶可以讓你高貴，也可以讓你沒品。

不要被珠寶愚弄了

近年黃金、白金、鑽石的國際價格空前飛騰，原因是除了世局動蕩，另一個是新興國家的富裕層爆增。大致上人一發財，第一就是買珠寶、黃金、金錶，因為一、對貧窮仍有危機感，所以珠寶、黃金等的保值品容易兌成現金（經濟學上稱

Convertibility）。二、可能是對突然的致富，人的心理上並不是馬上能夠跟得上，所以需要靠實體的東西證明給自己和別人看。但是珠寶和汽車、鑽錶不同的是，和珠寶來往需要知識和流儀，若以為「愈大愈貴愈表示高貴」是非常危險的。

寶石是地球四十六億年年輪的結晶，是地球演變的一個實體紀錄，大多經過十億年以上形成的。在地球的歷史遠超過人類，它有能量、有個性，怎麼會乖乖聽人擺布？以為只要我有錢、買得起，擁有它，就是它的主人？不考慮年齡、身分、輩分及不分場合亂戴的人，可是會被寶石愚弄的哦！

寶石和你的氣架、知識、品味在較量，誰輸了就是「僕」。

擁有寶石就要會駕馭它。它展現財富，襯托美麗，但是，沒有足夠的知識使用它的話，會暴露你的品格，反而降低你的格調，惹來一身笑話，這就是和寶石來往的危險性。

鑑賞珠寶是一門學問，雖然不必專精，但是一些基本知識是成熟女性必須的文化教養。筆者從小看慣了祖母琳琅滿目的珠寶，所以還滿識貨，沒想到這些知識使我在社交場合遇見有長輩配戴重量級珠寶，可以作得宜的讚美。有時可以像去美術館般的逛逛珠寶店，增添眼界和知識。但是買珠寶絕對不要衝動。不要輸給珠寶的誘惑（那大多是賣店的燈光效果）和店員的慫恿。

人生經驗愈豐厚的人，戴起華貴珠寶更有味道，因為年輪造出她的氣架不輸給珠寶。

和名牌包一樣，年輕人不必急著戴華貴珠寶，因為青春就是你的寶。並且只有青春時才可以多冒險，多開拓、琢磨品味，戴有創意性的配飾。只仗靠錢勢反而土氣。

年輕小姐需要擁有的是一串珍珠項鍊，它既萬能又永久。工作面試、相親、約會、同學會，婚、喪、晚宴，甚至可和牛仔褲搭配。在全世界都受喜愛。年輕小姐家裡再有錢，珍珠項鍊的珍珠直徑都不要超過十釐米。上等品質的珍珠，即使小顆，仍然可用到中、老年都氣質十足。

並且珍珠是唯一可以戴幾條、幾圈都無妨。我看過戴最多圈的是前駐日義大利公使夫人（是奧地利子爵的後裔），短形的有十幾圈以上吧。不過，她本身的氣勢仍超越這數量。她告訴我一句非常耐人尋味的話：「能夠這樣戴，和你平常看什麼書有關係。」讀者覺得這是什麼意思？

珠寶的用法不當，有時會造成冒犯。

若要去見男友的雙親時，戴著貴重的珠寶反而會招致長輩反感。這是戴珠寶重要的默規：注重長幼有序，你再有錢，也絕不超越長輩。

比方日本外派的外交官的太太們，每逢要出席晚宴時最頭痛的是戴什麼珠寶：

■寶石小常識■

類別	特色	佩戴需知
貴石： 鑽石、紅寶石、藍寶石、綠寶石、珍珠。稱為五大珠寶	產量少，硬度高，價值高。	●大顆貴石中年以上才佩戴，愈老愈合適。適用在正式場合，或是親人聚會時戴。 ●小顆貴石適合年輕人，中年人可以戴，但是不選單顆，而要選華麗一點的複顆設計。
半貴石： 琥珀、雞血石、水晶、瑪瑙、貓眼、土耳其玉、月石、黃玉、龜甲 Cameo……等。	產量多，硬度低，屈折率少。	●大顆半貴石通常也非常昂貴，中年以上的人可以用在白天或晚上的正式、非正式場合。 ●小顆半貴石適合年輕小姐，不適合中年以上的人用於正式場合。中年以上的人不適合戴單顆小半貴石，而要選較華麗的複顆設計。

年輕人盡量戴有創意性的首飾。林昱佳小姐榮獲2023年ISEF世界科學比賽行為科學二等獎。

戴多長的項鍊？多大的珍珠？因為太樸素的話，會被怪有失國家顏面，沒有體統；而超過長官太太的話，例如：你戴三連，長官太太戴一連；你戴十三釐米大黑珍珠，她戴十釐米白珍珠；你戴鑽石，她戴瑪瑙……；那以後就沒有好日子過啦！

珠寶是萬古的結晶，它有自我主張，不是可以服服貼貼陪襯任何人當配角，輸給自己的寶石，很難堪哦！

戴仿品丟臉嗎？

歐洲上流女士們的珠寶盒內最活躍的一品，是仿品珍珠。「什麼？上流富裕層的女性會用仿品？」亞洲的讀者們大概很驚訝。這是對追求「美」的意識不同的緣故。

首先請分清楚，珠寶的仿品和名牌包的冒牌貨是兩回事。珠寶仿品稱imitation，名牌包仿冒則是犯罪行為。仿品首飾稱為costume jewelry，它的價值是在於設計。比方Chanel的仿品珍珠配飾還比真品貴呢！

歐洲女性裝扮的目的是為了「好看」，而不是藉此展示自己的地位、財富。而且最大目的是「total coordinate（整體協調）」的美，上下衣褲、鞋、髮和配飾全部的顏色與裁形，整體融為一張畫。**所以配飾只要能夠發揮全身的美感功能，是真、是仿不重要**。

仿品的另一個好處是安全。若在國外公共場所被搶奪了身上貴重的大串珠寶，警官大概心裡罵你活該，因為你是在招搖誘請歹徒嘛！所以一般旅行時通常都是帶著輕便的仿品。比如，在法國坎城渡假海邊的露天高級餐廳，夫人們的裝扮要華麗的配飾，但都是可耐鹹潮風的仿品。

最後，佩戴仿品是顧慮到他人的感受（thoughtfulness）。說白了，收購豪華寶石除了自己欣賞、儲財及紀念外，大部分的心態是想讓別人對自己另眼相看——「你看，我有錢」！其實這個怕人家不知道你有錢的深層心理，就是對自己的信心還不夠，需藉寶石物質的氣勢凌駕他人。

在歐洲，上流女士們配戴貴重珠寶首飾的場合，除了參加隆重宴會之外，反而是夫妻私下兩人在外共餐或是家族聚會時才用真品。

和朋友見面時，反而不戴真品。因為：第一，沒有必要在物質上較量或示威，並且文化水平高的朋友，不會因為你的鑽石大而尊敬你。第二，交友的目的不是為了比誰高誰低，而是心靈的交流。如果有此健康的心理，就不會刻意去強調「我有，你沒有」，而會顧及到別人的心情。這就是「有錢人」並不等於「上流人」之處。

Chanel的創始人Coco女士便是時代的革命者。她對「美」的意識，出發點是讓女人掙脫傳統的束縛，使女人更自由、更敏捷地行動，而又使女人更有女人味。這位獨立自主的女性，胸前永遠驕傲的掛著大串三、四連的仿品珍珠配飾。這又是一大革命。**能夠將仿品戴在身上讓它亮麗輝耀，就證明你的內在、外在已達到成熟的境界了。**

珠寶的TPO

對於寶石的用法有品或無品，除了前述的要考慮自己的年齡、輩份和立場之外，T、P、O更是重要的流儀知識。以下是用寶石的基本常識和禁忌：

T（Time時間）

白天和晚上要區別清楚：白天的正裝是，戒指之外只要再加一個首飾，如項鍊、手鐲、耳環或是胸針就足夠了。晚上，只要在有品味的範圍內，盡情華貴OK，但仍有些禁忌（後述）。白天戴貴石珠寶要節制一點，晚宴則可以盡情大膽的發揮。

P（Place場所）

中午一般聚餐時的配飾，用金、銀項鍊和耳環即可，不必再加上豪華手鐲、大戒指。

若是高級餐廳的午餐會，可佩戴珍珠項鍊（真、仿、淡水珠都可以）或是珊瑚、土耳其玉等半貴石，再加上合適的耳環。戒指可以戴，但是不必加戴手鐲。

正式晚宴，不戴金、銀項鍊或手飾。要用硬石類（紅、藍、綠寶石，鑽石、翡翠等），真品、仿品都無妨。珍珠或是大型的半貴石也可以。

O（Occasion場合）

喪禮時的配飾只限戴結婚戒指和珍珠項鍊（黑、白均可）。

去教堂、醫院不戴豪華珠寶。若有機會參加日式茶會時，規矩上是不戴任何寶石戒指、手環，以免刮傷茶道具。

戴珠寶的流儀

珠寶的存在感很強烈，所以用的得不得當非常顯眼。擁有珠寶就要擁有使用它的品格和流儀。（流儀是指作風、規矩而內含哲學和感性之意）請注意以下禁忌：

在宴會中禁忌的話題

珠寶就是個人的財富，若以珠寶為話題時，不要涉及別人的隱私，比如「哇！你這是幾克拉？」、「這是真的還是仿的？」、「你買的嗎？還是母親的？」等語句。

讚美語是：上等的質地，大顆的寶石就稱讚它的石質、顏色、輝度；小巧可愛的寶石，就讚美它的設計藝術。腦子裡面只把它換算成「錢」的話是很沒品。

不戴複數戒指和複種寶石

戴複數戒指、項鍊可以嗎？

除了結婚戒指，一隻手戴著二、三個戒指是不雅、沒品。筆者有一次參加一個許多日本國會議員出席的晚宴，一位被傳言貪污的政治家，他的夫人手上的鑽戒是五指一排，似乎可以聯想到他貪心的真實性。

至於項鍊，只要搭配的品味好戴幾條都沒關係。比方細白金項鍊配上單顆鑽石項鍊，簡單清爽又襯托出華麗感。複數項鍊的組合可以發揮你的創意。

不過正式場合時，項鍊只戴一條（可以豪華一點的）。手鐲也只戴一個。只有珍珠項鍊用幾連都沒有關係。

複種寶石

今天要以什麼顏色的寶石為主題，就統一用這個寶石的顏色。不要胸前掛著紅寶石項鍊，耳上掛著綠寶石，手鐲是藍寶石……像把全部家當聚集一身，就是沒品又沒品味的搭法。

若是複種寶石組合成的項鍊，比方珍珠項鍊上串著藍寶石，或者是豪華的鑽石與紅、藍寶石的組合，則耳環就可重複其中一種寶石，就會有一個整體性。

珍珠很方便，它既可以當主角，也可以當配角（小顆的）。環扣金屬的顏色最好統一。戒指的底台是金的話，其他首飾的底台就不用銀或是白金。

正式晚宴時，不戴手錶（鑽錶可以，它算是手鐲飾品）

這是一個貴族式的習慣：歡樂場合就不計較時間。晚上時間排的緊湊，要東趕西趕幾個約或是要早早回家的人，是被視為「不夠風雅」。晚宴要優雅享受，時間是停頓著的意思。

◆自己開宴時，女主人反而要謙遜，不戴比客人豪華的珠寶，這才是格調高。

◆買仿品珍珠時，反而要買一看就不像真品的大型仿品較好。

◆戒指和胸針的寶石最好統一。

◆雖然用仿品、真品都無所謂，但是仿品的鑽石項鍊不雅。

◆真品和仿品可以混著一起戴。

在過去夫人們是堅守真、仿不混戴，但是這品味過時了。比方一連的珍珠看起來太素的話，就再多加一、兩串巴洛克珍珠，或是新穎款式金、銀的珠鍊，倍增華麗氣氛。

珠寶配飾最大的目的是在於「全身搭配的結果」，是真是仿並不重要，只要整體的結果是「嗯！好看又高雅」，這就是成功了。

有智慧的優雅女人自豪的不是首飾盒內擁有幾顆名貴寶石，因為她不需要靠寶石來提高自己。珠寶和人是主、僕關係，人的氣架輸給了珠寶，自己就變僕了。任何配飾無論大、小、真、仿，透過自己琢磨出來的知性和感性，才能發揮物質的長處到最頂點。

與其被人讚美身上的寶石，不如被稱：「她沒刻意穿戴，但是不知為何，整體看起來就是貴氣、好看。」對你本質上的讚美，這才是你真正的分數，不是嗎？

6
Chapter

「為誰使用香水？」才是重點

香水是在示意……

今天香水的對象是誰？

生日時，朋友送你一瓶香水做為禮物，濃鬱香甜，非常誘惑的女人味。妳每天上班前必擦幾滴；晚上和男友約會時也再擦一次；週末去健身房或去公園約會散步，出門前都必擦幾滴。

妳會有上述的行為嗎？

香味會直接刺激人的大腦邊緣系統，這是人的記憶和感情中樞，所以我們一聞到某個味道，就會立刻聯想起某人某事。香味的印象很深刻，人去香留。香水就像你的影子。

香水不在貴或是便宜，重要的是ＴＰＯ。有明顯的對、錯哦！

比方，濃甜香味的麝香系香水是屬於官能系，也就是動物要誘惑異性時散發出的性激素（Pheromone）。白天絕不適合使用，特別是在大清早、擠滿人的車廂中，幾乎是個公害；即使是晚上，除了私人約會之外，正式的公事晚宴以及長輩或是高階級人的餐會，也絕不擦麝香系列的香水。

法國雖是香水的產地，有的高級餐廳會拒絕使用這刺激官能魅藥的女客人，因為會打擾餐廳其他客人的嗅覺和味覺。這對名廚的手藝也是個損害。

同樣的，若去日本料理店用餐也不擦濃香水，因為日本菜大多是輕淡的原味。在密閉的榻榻米房間的宴會也不擦。又比如參加品酒聚會（Wine Tasting）時，也什麼香水都不擦。

香水另有一個作用是「示意」。麝香系的香水只限於用在男、女私交關係。若是去談公事或是和老友哥兒們吃飯，誤擦了這「性荷爾蒙」會使對方會錯意哦。

而公事職場上以不擦香水為宜，除非你另有用意，否則工作時不要刻意去強調女「性」。

選香水時，首要考慮的是：今天和誰見面？

■香水的 TPO■

eau de cologne	運動、洗澡後使用，香味可維持約一至兩個鐘頭。
eau de toilette	建議香水入門者使用的輕度級、香味維持約四個鐘頭。除了用在手腕、耳後之外，也可噴灑在手帕、絲巾、內衣上。
eau de parfum	白天使用的中濃度香水。除了用在耳後、手腕，也可噴灑在膝上、腳踝、胸前等。香味維持五個多鐘頭。
parfum (perfume)	真正的「香水」，使用量要小心。各一、兩滴在耳後、手腕和胸口上就可持續約八個鐘頭。擦濃香水的訣竅是在出門前兩個鐘頭前擦，香味會變得柔和自然。

香水的TPO

香水從淡到濃的依序分為：eau de cologne, eau de toilette, eau de parfum, parfum（perfume）。

沒有一種香水是全能的，可以用在上班開會，又可以用在正式晚宴，或去公園，若能細分當然更好，基本上至少需要三種香水。

■工作時若要擦古龍水，就選擇中性的、幾乎男士也適用的，沒有花香、甜味，沒有誘惑性的木香、草香植物清爽系列。

■輕度或是中濃度，女性化的古龍水或香水。除了工作場合以外，適用範圍很廣：和朋友中午聚餐、晚上約會，或是去音樂會、戶外公園都可以。

■年過三十歲的女人，還需要一瓶濃鬱厚重性的香水，以針對談情說愛時和隆重的場合使用。

隆重的場合分兩種：一種是正式端莊，比方有長官出席，或是長輩的生日等，這時不用誘惑性的香水。另一種是一般私人宴會，這時，麝香系列的香水就可以發揮威力了。在這種「競豔」的場合，光是當個端莊的乖乖女沒意思。麝香的性感和成熟的香味才能添增宴會的華麗氣氛。比方老牌的Opium、Poison等這些麝香系列的代表，光聽名字就知道非常撩撥，不是叫「毒藥」就是叫「鴉片」，看你毒還是我狠。

什麼樣的香水是好香水？

選對場合、對象和符合自己形象的，就是好香水。再名貴的香水用錯了場合，周邊的人一定會皺著眉頭。比方上了年紀的女士，卻只擦小女生的幼稚香水；或是外表清湯掛麵，卻渾身麝香味的年輕女孩，都是牛「形」不對馬「影」。

而怎麼證明有沒有用對了香水呢？很簡單，當天自然而然就會陸陸續續有人告訴你：「我喜歡你的香味。」因為一般人再怎麼會外交辭令，也很難昧著良心將「臭」說成「香」，所以這大都是真話，也是你品味的成績！

嗅覺是一個高層次的感官，高於味覺、視覺，多多開發這個感官，自然會對香味的類別（如葡萄酒、草藥〔herb〕）敏銳度提高，也因而開發更多更廣的知識。

品味高雅的女人對香味的TPO選擇嚴謹。擁有準確的香水知識也是社交段數的表現。例如對初次見面的女士順口稱讚：「我好喜歡您的茉莉、金盞花。」如此，立刻可以判斷出是哪牌的香水，這顯示出你對美的造詣，也和她有相同的品味，會立刻拉近了彼此的距離。這也是人際關係的潤滑油。

7

Chapter

皮包要用對場合

皮包不在貴不貴，懂不懂潛規則才是決定名媛的流儀。

兩年前預約 Hermés 的 Birkin 柏金包，終於進貨到手了。一萬多美元，而且絕不量產的珍貴皮包，當然是用在最正式的場合！下星期的晚宴一定帶著去亮相。

你會這樣嗎？

皮包的 TPO

在東京像這般最正式的宴會並不多，昭和天皇的弟弟高松宮親王在世時，每年以主賓出席的一個私人性舞會，男、女皆以最正式禮服出席，女士是晚禮服中最正式的 robe decollete（露出鎖骨）。

晚宴的流程是晚餐後，在大廳中央跳國際標準舞。我只會華爾滋和維也納華爾滋。（讀者有機會的話，可以盡量學幾種基本的國際標準舞，這也是一門文化教養）。有不少名人參加一個有趣的晚宴，有一位平常在「寶塚歌劇團」是超級「男」星（寶塚全是女人），唯獨在這個時候可以看到「男」星回到本性身著性感女裝。

但是也看過一個不好的例子值得一提：一位著名女演員身著一襲輕縷薄紗、細肩帶的晚禮服，很迷人，但是手上竟然提著一個大柏金包！雖然大家知道那是特別訂作的材質，但是用錯場合。這就是所謂「流儀」，皮包的重點在於什麼式樣用在什麼場合，這是有明確的對、錯。

喜歡名牌的女士都知道Birkin包是Hermés特地為美國女星Jane Birkin打造的。它不量產所以供不應求。除了一般定型的皮製之外，也可以訂製其他材質：駝鳥皮、鱷魚皮，甚至鑲鑽，一個皮包可能貴到相當一部車，但是，昂貴並不代表正式！晚宴和正式場合帶硬皮的大型Birkin包會很滑稽。這就是用皮包的基本法則：TPO的流儀。

皮包是女人在配飾上的一個重點。皮包的大、小，有、無肩帶，布、皮質都各有它適用的TPO，可不是昂貴就全能哦！再好的皮包，場合弄錯了，又要拿著它一整天很顯眼。這種用錯皮包的難堪可不好受！

筆者有一次和多年沒見的朋友約在南青山的餐廳吃飯。多年不見的原因之一是她的虛榮心強，比方養貓咪都非要名牌不可。連動物也要用為炫耀的道具，感性差距大的人能共享的話題也不多。那天她穿了端正的裙子套裝，配上細跟高跟鞋，但是肩背著鏽著大大「H」的 Hermés 帆布製袋子。這幾乎像穿旗袍而背個水桶袋一樣的不對稱。

再怎麼名牌、昂貴，帆布包是用在戶外休閒，穿牛仔褲、平底鞋或運動鞋時的裝配。甚至，筆者在巴黎的公園散步時，看過牽狗散步的夫人將狗糞撿起來、包在塑膠袋內放進這款帆布袋內……不要盲目崇拜名牌。

皮包的 TPO 是以形狀、大小和材質來決定的，基本的概念就是要除去「貴的就是用在正式場合」的錯誤觀念。即使昂貴的鱷魚皮也是有不能用上場的時候哦。

正式宴會，皮包應注意的細節

1. 大小

簡單說，愈正式的宴會，拿的皮包愈小。晚禮服愈長，皮包愈小。因為愈優雅的時刻，皮包的功用只是一個點綴品，不是用來塞東西的。皮包可以小到手掌大，只放支口紅、粉餅和手帕就夠了。

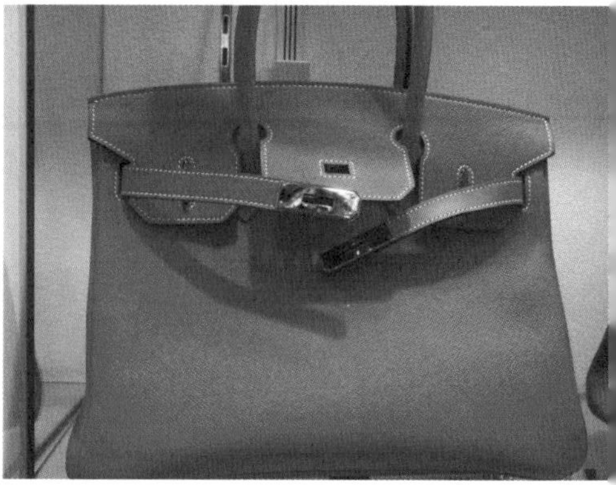

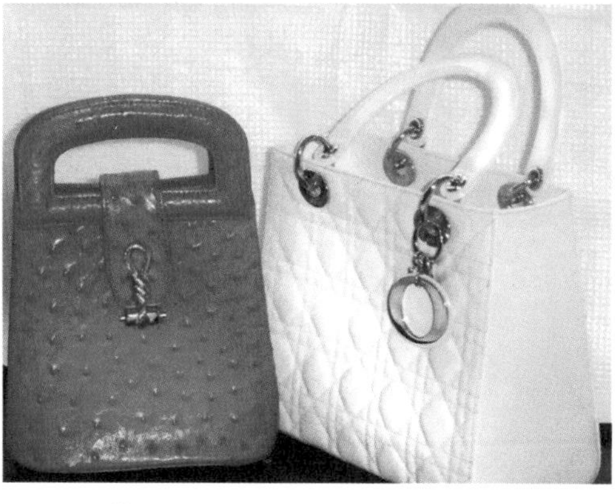

約24~30公分為中型包，
以上為大型包，以下為小型包。

美國時尚雜誌Vogue的女總編Anna Wintour無論是公事記者會、或是私人晚宴，幾乎都只拿手掌心大的小包，如此，別人的注意力百分之百就集中在她全身的衣著上。並且她有時尚界的女帝之稱，也不必再展露威嚴，只用個優雅不中用的小包。她是她自己就夠了！其實一個女人，她活得愈充實、愈有信心，可以從她的配戴看出來——朝向「減法的美」。

2. 顏色

「皮包和鞋子必須是一對，或是一樣顏色才正式」的觀念已經淘汰了。皮包顏色可以和衣服、鞋子的顏色自由搭配，沒有拘束。

3. 材質

正式場合選擇皮包的重點是除了大、小，還有材質。請注意，昂貴的鱷魚皮、蜥蜴皮、蟒蛇皮等爬蟲類的皮包，絕不用在正式晚宴。原因是，這種材質給人「殘忍、剝皮、血腥」的感覺，不適合柔和高雅的宴會氣氛。

半正式的宴會，穿著套裝，可以用一般的牛、羊皮包。

雞尾酒宴穿著半長禮服和最正式晚宴穿著長晚禮服時，則不用皮製，要用絲布、珠玉、亮片等柔質小型布包。

一個重要觀念是：「式樣」的正不正式和價格高低無關。「式樣」是樣子，所以即使路邊攤的便宜貨，只要選到適襯的ＴＰＯ就是你品味好。而貴東西用錯場合才是難堪。

各型皮包的用途

一、手提包

大型手提包

剛提到Hermés的大柏金包就是一個代表。柏金包的誕生就是象徵新時代名媛的境界。「工作就等於吃苦，千金小姐絕不工作」，這是舊農業時代的觀念。愈深入社會愈活躍的名媛是愈磨愈閃亮。而雖然努力奮鬥，但絕不忘女人仍要美和優雅，這就是柏金包的用途。

從大型體積可以知道，它是著重於機能性、強韌又耐裝的包包。平常工作、開會用A4大的資料可以平放不摺，平板電腦、厚重的書籍，都可塞得滿滿鼓鼓。上飛機時更是方便，塞進剛買的壽司便當，配著飛機上的香檳，是我給自己的小慰勞；媽媽帶嬰兒出門時，裡面可裝尿布、奶瓶。昂貴的Birkin用的愈「用力」，讓它看起來身經百戰才入流。因為Birkin雖然貴，終究是「奔波」和「活動」時用的，不是秀氣、高雅宴會用的。

無論是不是名牌，大型手提包即使飾有金鎖、鑲鑽扣，仍只限用於在「戰場上」幹活兒時用。

中型手提包

CD的「Lady D」是典型的「中型」，這種中型手提皮包約占筆者皮包的百分之九十。喜歡它的原因是：

■裙裝褲裝都合適。現代女性以褲裝居多，手提包的高雅度可以緩和一下褲裝的陽剛度；並且工作完畢後直接去約會、赴宴都可以。

■肩背包的背條掛在肩上會破壞全身衣裝的整體感覺，手提包則不會。

■工作用時，中型包放不進資料，所以別硬塞。中型手提包的目的不是奮鬥用的，資料和平板電腦就另外拿個公事皮夾，看起來既有女人味又專業。

■白天、晚上，從休閒到公差、晚宴都適用。全世界王室的皇后、王妃們出席白天的各種場合、儀式，大都用此型的皮包。

■中型手提包高雅、穩重，在歐洲是大約過了三十五歲左右的女性，有了相當的成熟度才開始配用。年輕人不必急著用這老乖乖，趁年輕，多冒險作怪，選用繽紛大膽、較活潑的款式。

小型手提包

這類型皮包的用途有限，像Chanel的小小提包裡面最多裝口紅、粉餅、手帕、手機，用於宴會或是晚上和情人吃飯時。這小小不中用的皮包顯示「我今晚不奔波」的羅曼蒂克氣氛，由於純粹是裝飾用的，千萬別裝得鼓鼓的。

二、肩背包

這大概是最普遍的皮包。它讓雙手方便，是行動用的皮包。由於它是掛在肩上，所以它的大小會影響全身衣著的氛圍。

大型肩背包

這當然也是屬於「奔波」時用的皮包。年輕人帶著看起來很青春活潑。不過，中年人用它除非是上等的材質，否則看起來會邋遢有勞苦的印象。如前述再怎麼王牌如Hermés等的大型肩背帆布包，也只適用於休閒、穿牛仔褲和平底鞋時用。

小型肩背包

在過去的晚宴，闊太太每個人都像制服般的肩上掛著Chanel Classic的黑皮金鍊肩背包。Fendi、Dior也曾經推出小型肩背包，風靡一世，有無上限的各種材質，也可訂作個人的布樣。但是現在少見了，可能是因為功用上不佳，因為它只是裝飾，不能裝得鼓滿，且又沒有小型提包來的正式，功能性不佳。

小肩背包可不可以用在正式場合，要看材質而定。像絲布、刺鏽、鑲珠玉、亮片，即使是廉價也適用於晚宴。

要小心的是，請不要以為什麼名牌包都可以用在宴會上，鏽滿名牌logo的皮包，不論多貴，都不適合晚宴。

三、背包

背包在過去是登山和赴戰場的用具，現在已成為名牌裝飾了。它盛行的時候，幾乎每一個名牌都生產小背包。但是，說實在，名牌都是西方人的創意，是以西方人的高大體形為主軸的創意，我們東方人要多考慮一下這些物品背在身上的比例是否ＯＫ。就在名牌背包盛行時，有一次在日本成田機場通關時，美國女星Demi

Moore排在我前面，她高壯的體型單肩掛著一個名牌背包、上面掛著一隻小熊娃娃，超可愛。而同一個包包，我和一位香港女友在巴黎的飯店前廳約見，一百六十公分的她雙手各提二、三個名牌店的大袋子，她駝著背，背上是香奈兒的小背包，顯得好像被壓得很沉重的感覺。

背包型讓雙手可以自由行動，又使雙肩均衡，是很有機能性的袋子，但要注意，背包更是「戰場上奮鬥感」十足，年輕人健壯有朝氣，背起它來很帥氣，而過了中年，除非是爬山休閒之外，在街上或是在機場背著背包的打扮，會給人「勞苦」邋遢的感覺。人上了年紀，更要注意自己的形象，刻意用年輕人的玩藝兒，反而會襯托得自己更蒼老。

背包是百分之百休閒用。過去繼美國之後，在亞洲也流行過穿西裝背背包，我個人是覺得非常不倫不類。第一，西裝一縐了就很失態，這也是擺明你穿著廉價西裝，只有廉價西裝才會捨得這麼糟蹋。第二，東方人的體型沒有西方人高挺，所以在身高和背包的比例下，背包看起來顯得更大、更沉重，更像個包袱，實在很像「辛勞的老駱駝」背負重擔。

和珠寶一樣，身上的物品和人是主、僕關係。活潑帥氣的背包除了考慮TPO之外，也要考慮一下自己的年齡、體型和今天朝氣夠不夠。

名牌的流儀

我實在替現代的女孩子們慶幸，因為如果妳要名牌包是為了顯示自己有錢、有身分的話，就大可不必了。「名牌等於名媛」的魔咒已經解除了。

在過去，名牌確是一個名媛的標記，而現在這個效果可以說是全球性的失效了。因為一、社會風氣的低落，要「快賺」的方法太多了，任何人什麼名牌都可輕易入手。二、價值觀和選擇的多樣多元化。

在二〇〇八年的全球金融危機之後，全球對「身外之物」的價值觀形成兩極化：一是仍舊追求高級物質，二是對物質沒興趣。比方全球首富的GAFA的老闆們是天天穿一樣的T恤，戴廉價錶。Amazon的創始人貝佐斯開本田汽車Accord；Meta CEO祖克柏開一萬美金的本田汽車Fit；另一種人是三餐吃不好，也要節省下來買名牌包；所以錢要花在別人看得到，還是看不到的地方，都只是個人價值觀的不同而已，不代表身分。

有句話：「賺錢不需要知性教養，但是花錢需要知性教養」。

筆者自身經歷過「名牌的心歷路程」的成長。從大學時代開始到三十歲也是非名牌不入眼。現在回想，那是因為年輕時沒有足夠的知識和感性，所以花錢的對象就只侷限在物質上。並且**「依賴名牌」的深層心理是：「沒有自信，但又想別於他人。」**最快的方法就是以名牌來提高自己，因為只要錢夠，今天就可以達到。

但是，成長了，世界見多，有了知性、感性，花錢的對象也多元化了，就愈懂得如何花錢在內在、無形上、空氣裡。雖然年輕無知浪費了不少錢在名牌上，但是安慰自己一下：人生繞遠路並不白費，也是一個成長的過程。有了這一段經驗也培育出辨識一流的品味。確立了自己眼光水準的一個好處是，路邊攤一瞥即可看出好貨☺。

名牌包的好、壞處在於，拿著它，就如同拿著標價走著，因為價格是世界

統一。但是和珠寶一樣，不是買得起就好，要考慮自己的年齡及場合是否對稱。比方一位前總統夫人，卻拿著一般大學生拿的中低價位繡滿Logo的名牌包，真的是沒體統，反而降低自己的身分。反而帶個不知名、看不出價錢的包包還不失身分；一位二十歲剛出頭的小女生，帶著Chanel傳統Classic皮包也會令人笑話，懷疑是不是偷用阿嬤的！

年輕人的特權是冒得起險。趁年輕，亂穿亂配都沒有關係。**透過嚐試錯誤（trial & error）多多磨練自己的感性品味和創意，依賴名牌，反而土。「我是自己就非常夠了」**。擁有氣質、知性和風格，自身就是個獨一無二的品牌。要達到這個境界，需要什麼？接下來本書的每一章都會告訴你。

是你賦予皮包價值，不是名牌賦予你價值。

8
Chapter

鞋子是你的「第二張臉」

這是唯一不可以省錢的。

全身當中，末梢最顯眼

「今天要打扮得性感」，這時，最要注意的是哪裡？

答案是——鞋子。

即使一件粗獷的牛仔褲，只要下面穿一雙曲線細緻的Manolo Blahnik或是赤紅火辣的Christian Louboutin，全身給人的感覺就是「女人味十足、性感」。鞋子是全身最具「畫龍點睛」作用的重點。最能展現女人風情萬種的其實是在腳上。

常聽不少男人說，看女人時，看完了臉後，視線移往鞋子。

愈講究服飾品味的人，愈講究全身的最末端——鞋子。女星們擁有一、兩百雙鞋子是很平常，鞋櫃比臥房還大呢！不過，講究穿鞋，並不意謂著要有大量和多款的鞋子。再貴、再花俏的鞋子，若是鞋跟扁了、歪了，鞋尖的皮剝落了、髒了，全身的華美就零分了！

鞋子最重要的是乾淨，鞋尖、鞋跟沒有破損。牌子、款式是其次。

女孩子去男友家裡拜訪時，特別要注意的也是鞋子。衣服、頭髮、化妝整齊是每一個女孩子都會做的，絕不能疏忽的就是鞋子。從鞋子可以聯想到你起居的房間是否整潔。拜訪時，脫鞋時的禮節一定要養成習慣，併攏排齊是基本家教。

如果今晚要和同仁們一起用餐或是公事應酬，要上日本料理店的榻榻米房間時，第一要想到穿什麼鞋。當一排鞋子全部擺出來，誰穿那雙髒鞋，看得很清楚；加上亞洲的氣候濕熱，再好的鞋子穿久了，汗味滲透鞋底很深，再怎麼花枝招展的美女，她的腳臭味會比香水味更令男士難以忘懷！人的形象要頭、尾（鞋子）兼顧。

健康的基底在鞋子

穿高跟鞋走起路來，好不好看才是關鍵。

不知道是DNA還是營養的問題，不少日本女士走路內八字，並且節食節得瘦巴巴，又穿件緊緊的牛仔褲，踩在不安穩、走路歪七扭八的高跟鞋上，真不知道到底是愛美還是不愛美。

瑪麗蓮夢露著名的晃臀性感步伐是設有「機關」的。她刻意將一隻鞋跟削短，使左、右腳高度不齊，走起路來就自然地左右搖著臀部，而重點是，她的上半身卻又能保持挺直。這工夫不淺。

鞋跟愈高愈細，鞋尖愈尖、愈窄，看起來更美更性感。這個美感不要說自我寫此書十五年前以來沒有變，夢露時代至今也沒變。

有時在街上看到穿七公分以上細高跟鞋的女士瀟灑闊步的走，真是會著迷。並且穿好的高跟鞋又走得好，鞋跟著地時會發出悅耳的輕脆聲。

鞋跟不必高，但是完全不穿高跟鞋，談不上是個成熟洗練的女人。

穿高跟鞋不是只為了美，有時也是必要的禮節。穿高跟鞋和穿平底鞋時，使用的是不同部位的肌肉。穿七公分高跟鞋要走得美，不是一朝一夕可以練就的工夫，需要平時多練習。無論穿多麼好的高跟鞋，走起路來膝蓋彎曲，戰戰兢兢，就看得出來是穿不習慣臨時抱佛腳。除非進入老年，膝腿衰弱了，女人和高跟鞋是脫離不了關係的。

衣服、皮包可以買便宜貨，但絕對不能在鞋子上省錢，因為好鞋子是健康之本。

我想每個人都有經驗過，就是因為鞋形美或是特價，試穿時雖然並不是很舒服，但是輸給了誘惑和店員的壓力，買下之後就過苦日子了。腳底曲線不合，鞋跟過高或鞋尖太窄等，腳底的負擔會直接影響腦中樞緊張，會影響你整天的心情。一天下來腰痠背痛，表情也不知不覺變得凝重。

一雙性感又好走的高跟鞋，是尖端人體工學的結晶。五十公斤的體重全靠這底面積的三個點支撐著，這需要相當的研發成本。所以，好鞋子價格高是有理由的。比方Pellico被稱為「可以跑的高跟鞋」；外表纖細的Jimmy Choo其實是很牢固的包住腳，使重心穩固不滑動，機能性高。

買好鞋不是指名牌鞋。每一個人的腳不同，口碑只能當參考。首先，鞋底的曲線要適合自己的腳底，皮質和鞋型的寬窄適合。接下來，鞋跟的粗、細、高、低，要在自己可以勝任的範圍之內，勉強買九公分卻穿不習慣的高跟鞋，會像跳了一天的芭蕾舞。買鞋時絕不要妥協，試穿、試走，挑到滿意為止，不要屈服於店員冷眼的壓力。

在日本有不少鞋店可以客製訂作。大約三～四萬日幣，兩個月左右的時間製造；並且是以3D電腦測計腳的尺寸、寬窄之外，腳板厚度、腳底孤度等，細微的數字都數據化計算和保存；還可以指定材質、顏色和式樣。客製鞋完全像自己身體的一部分，因而改善外反拇指、腰痠等症狀。若經濟能力允許，這是不必省的。

東方人應比西方人更瞭解健身的穴道都集中在腳底。所以，若穿著的是一雙好鞋，一天工作下來筋骨舒暢。「腳踏實地」的錢是值得花的。

鞋跟各種高度的意義

為什麼要穿高跟鞋？筆者身高一七〇公分，最常穿的是五～七公分的高跟鞋，常被問道：「妳這麼高還穿高跟鞋？」

高跟鞋不是只為了「長高」。它的誕生起因，我想可能就像中國的「纏小腳」，讓女人無法大剌剌的行動，男人看了有優越感。不過，這大概是男人的失算，因為現代女強人們在這小小三個點的底面積，仍然昂首闊步，大剌剌的指揮社會。在電影「侏羅紀公園」裡，女主角穿著高跟鞋也能跑贏恐龍。

穿高跟鞋具有生理上的意義。人的腳跟一踮起來，自然就會挺直背脊，脊椎一直立，就刺激腦部中樞神經，全身就進入緊張狀態，腦筋會對周遭的反應更敏感。電源ＯＮ！

所以，休閒穿平底鞋的時候，也覺得腦波平坦得像平底鞋。因為電源OFF！

鞋跟的高度大致上分為：平底、三公分、五公分、七公分和九公分。

三～七公分適合在工作時穿，約會或是晚宴至少要穿五公分以上較適合；大部分正式的裙裝，都是搭配五公分以上的高跟鞋所設計的式樣。

比方空服員的工作鞋有兩雙：三公分和七公分。空服員下了飛機、走在航空站內、抵達下塌飯店，團隊都穿著七公分的高跟鞋，是為了美觀優雅的形象。而上了飛機，換上圍裙就換上三～五公分的鞋子，以方便走動、耐站，適合工作用。

但是你會問，既然三公分低跟鞋方便工作上走動、耐站，那為什麼不乾脆就穿平底鞋，不是更方便工作走動嗎？

問得好，這就是要點。任何服務業，比方飯店公關、電梯小姐等，凡是接待客人的職業，穿平底鞋是非常沒有禮貌，因為前述，平底鞋是休閒或是身體健康上有些問題時穿，要接待客人時，自己不能比客人放鬆。

鞋跟的高、低，代表腦部交感神經的電源ON與OFF之別。

鞋形的TPO

在美國，曾經有一群高中女生和布希總統在白宮合照的照片引起了一番「論潮」。因為總統旁邊站的女孩子穿著涼鞋，十個腳趾頭一覽無遺。CNN的主播和評論員都認真討論，這些趾頭有沒有禮貌？涼鞋符合見總統的場面嗎？

日本有一位女星一向以收集大量Ferragamo的Vara鞋自傲。有一次在正式晚宴上，她身著華麗的晚宴服，腳上卻也是那雙平底的Vara，這也是穿錯鞋的失態。

和皮包的TPO一樣，鞋子也不是貴、名牌就是萬能，重要的是式樣，即鞋形和鞋跟的高低，符不符合衣著和場面。

日本首相組閣時，一位新大臣是女性又是第一次入閣，倍受矚目。她在入閣典禮的裝扮引起媒體一片嘩然。「又不是萬聖節，怎麼一個人在扮演白雪公主？」不知她是否去迪士尼樂園弄來一件大泡泡燈籠袖加上鮮藍色大蓬裙的晚禮服！所有人都看傻眼了。更嚴重的是，上、下樓梯時，她撩起長裙，露出的是和公主裝不對稱的兩隻黑色笨重的大頭鞋，並且外八字的爬樓梯，這鏡頭在電視上被重覆揶揄了好多次。

以上都是「穿錯鞋」的例子。

上身無論穿得多華美，只有「穿錯鞋」留給人的印象最深刻。

至於可不可以露出腳趾頭呢？露腳趾頭並非都是不禮貌、不正式的。近年受歐美的影響，女性從夏天的絲襪酷刑解脫了，幾乎大部分的場合，包括工作場合，都可以穿露趾涼鞋，但是鞋跟要有些高度。平底的涼鞋就是休閒鞋，不登大雅之堂。那位和布希總統合影的高中女生就是因為穿著寬扁邋遢的大涼鞋，簡直以像要去海水浴場的樣子上白宮見總統，才會引起爭議。

絲襪一定要穿嗎？

基本上，露趾、露腳踝的鞋子不用穿絲襪。渡假時，穿露趾的涼鞋居多，即使是晚上去正式餐廳穿涼鞋也OK。但要注意的是，如前面提的，**鞋跟的高度決定正式不正式**。

在渡假村，即使是穿腳趾、腳踝全封的鞋子（pumps）也可以不穿絲襪。

在都市內，穿涼鞋時不穿絲襪。而全封的鞋子，或是露腳踝的鞋子，穿不穿絲襪是自由，但是正式場合或是工作會客時，就要穿絲襪。

絲襪，不只是禮貌，它還可以「禦寒」和「遮醜」。

在寒冬，「愛美不怕流鼻水」，特別是在日本，要在北風下不屈服，照穿短裙子時，一個禦寒又不損時尚感的絕招利器就是：穿兩雙透明褲襪。它看起來比穿一雙厚毛襪輕便又好搭配，又密不透風很保暖。

要提醒的是，雖然在夏天不用穿絲襪得到解放，要在人前招搖雙腿，必須在這些前提之下：

第一，腿毛要去除乾淨。看是要以雷射永遠除毛，或是使用電動脫毛器（日本的家電量販店大多有販售，價格也不貴），但自己除毛時要小心皮膚。

第二，皮膚不能乾裂。在冬天就要保養，到夏天才臨時抱佛腳是來不及的。

第三，去角質。膝蓋暗黑，腳踝、腳趾的硬皮要去除，不要讓人覺得你平常是在種田。比方筆者是不做臉，但是定期去做腳的美容保養。

第四，露腳趾時，最好擦上指甲油或指藝。就像要出門時，臉要化些妝一樣，腳也稍上點「妝」，較不會給人隨便的感覺。

做到以上四點，是裸露雙腿的成本。

3

Part

華而不浮的穩重氣質，出自有質感的家庭生活

真名媛的價值觀不同是在，
錢花在別人看不到的地方。
但是看得到你因而提升的氣質。

9 Chapter

世界上最好的招待所——家

招待術（Hospitality）是一門生活的藝術。
注重生活的質感會形塑出華而不浮的氣質。

我受一位臺灣財閥的第二代夫婦之邀去他家裡作客。獨門獨院的四層樓是東京罕見的豪宅。那天是日本太太雅子做了滿桌的菜，和在院子烤著上好的牛肉，也拿出珍藏的紅酒。

而那餐飯印象最深刻的是一盤不起眼的沙拉，溫暖了整個餐桌。雅子很得意的說：「這是我在陽台上自己種的茄子和番茄，今天剛收成的。」

這種時光只有在家裡才做得到。

辦一場家庭聚會Home party就像導一齣戲。從製作策劃開始，演員陣容、劇本、舞台布景、燈光設計、音響技術，甚至演技指導……家庭聚會不論大小，是一門生活的綜合藝術。

這一篇大概是筆者最喜歡寫的。去遍了世界一流的餐廳，才發現最好吃的是在家，或是別人家裡。因為上高檔餐廳嚐到珍饈美味是應該的。而和好友歡聚時，平常吃的家常菜也會變得特別好吃。因為有附加價值——一席家庭聚會，大夥兒開懷吃喝暢談，甚至認真的為某一議題熱論，不但腹慾滿足，頭腦也增智不少，心靈上更是充實。在家宴客可以盡情嬉鬧，沒有打烊時間的限制，是給朋友最舒服的時空。並且，比在外面共餐更能快速的拉近距離（很奇怪）。

「我家太窄」、「沒有錢」、「不會做菜」、「沒有招待用的華麗餐具」……為了這些原因而不舉辦家庭聚會，實在是人生一大損失！加深友誼就是：只要表現出你付出心意精力。

家宴就像拍一部好電影，不是靠巨資，是靠製作人、導演和演員的好劇本與好演出，就能深深印烙在彼此心裡。

「招待術」英文Hospitality，這也是一個人、更是國際名媛洗練度的量尺。

在自己設計的空間、自己製造的氣氛，為朋友奉獻時間和精力，獻上一道道親手烹調的美味佳餚（不美味也行）。歡樂的波長充滿空間，自己也受惠。

Hospitality也訓練你思考：「人受到什麼接待會覺得舒服？」善於想像他人的感受，就是在擴大同理心的能力。

事前的準備工作

和製作電影一樣，首先決定劇本主題、演員陣容和通告。

決定演員陣容（casting）

要考慮的重點有——

人數：以筆者的經驗，依今天的目的而異，五、六個人是能使話題深入的恰當人數；超過十個人就「四分五裂」，各自尋歡了。

內在的程度相近：賓客的組合是成功的關鍵。像有時聚會是專注於媒體界的朋友，或是專注於藝術界的朋友等，這樣就可以深入話題。

而完全不同職種的人共聚一堂，也會產生千變萬化的意外結晶。這個結晶也只有在家宴的空間裡。

告知目的和出席人物

在家設宴當然不需要有什麼大名大義來號召，但是在聯絡朋友時，告知聚會的氣氛，能助對方瞭解情況，方便決定要穿什麼衣服、帶什麼禮物赴宴。比方：「大家一起吃火鍋」，就可想大都是熟朋友；「在院子賞月，烤肉」，就別穿怕弄髒的名牌衣裳；「老公升官了」，就帶瓶香檳、穿整齊點赴宴。

有什麼人要參加，盡可能一一說明；可以使客人想像宴會中可能觸及的話題，或是不要扯到敏感的話題。這是家宴的最大禁忌，絕不觸及令別人不舒服的話題。快樂的氣氛是靠每一個人製造出來的。

料理的考量，以及如何偷懶？

料理的角色就像電影的劇本，是吃火鍋、包餃子、西式自助餐還是中餐的座席式，氣氛都完全不同；依你的預算決定。

重點是，一席料理最好有個主角，一道重點菜做為高潮。比方自己親自烤的全雞，或是老公釣的魚，只要把整桌的菜顯得多彩多姿又有話題性，增添歡樂氣氛，也顯示你為此宴費心打點。

不過，家宴女主人也不要為了做菜而累壞自己，導致無法招呼客人或沒力氣感受現場歡樂氣氛喔！懂得在該偷懶的地方偷懶。筆者就曾經有一次在家設宴請了三十四位賓客，我從星期五晚上開始做菜，一直到星期六晚上開宴，還忙得蓬頭垢面，賓客都穿得漂漂亮亮、香水四溢的來，而我這個主人卻已經筋疲力竭了，真不知自己是主人還是傭人？一部分菜餚買現成的OK，就在擺盤上下工夫，擺盤的藝術，這視覺的享受在宴會上也是一個重點。

食物上的考量

主要是考慮客人有沒有宗教上或是飲食上的顧慮。宴請外國朋友時，除了要先問對方有無宗教上的禁忌，是否吃全素，還要知道許多歐美人都不太適應亞洲一些過度激烈的辛辣調味；有女客時，食物盡量切成小塊方便進食，不讓女士為食物「毀容」；男士則喜歡吃有飽足感的食物，如飯、麵類等。若有長者、幼兒，也要考慮到適合食用的菜餚。種種細節都顧慮到的話，就是一流的女主人了。

當天的準備

聚會的當天，家裡就像拍戲的攝影棚，要清理、布景道具、準備音響和燈光。

清潔整理

這大概就是大家不想在家請客的原因。一想到要清理房子，不少人嫌太麻煩，就算了，不請了。其實只要注重兩個門面，就可以了。

首先客廳不必整理得像飯店套房，只要不亂就好。接下來要注意門口玄關和洗手間。

玄關是第一印象，用香味迎接客人。嗅覺是直接刺激人的本能中樞，聞到舒服的香味，才在門口，客人的腦波就已進入歡樂狀態了。

另外，洗手間是重要的門面。確認衛生紙、擦手紙有沒有缺，換條美麗的擦手毛巾，洗手台要擦亮，鏡子更要潔淨。一切不必華麗，但一定要整潔。若想精心布置洗手間，可擺放顏色形狀可愛的花形、貝殼形的洗手肥皂；整齊的堆疊優質的擦手小毛巾；更可放一些小花瓶、小壁畫、小石頭的擺飾品等。我去過不少家宴，有些家庭的洗手間裝潢比食物更令人印象深刻。

布景道具、餐具

若你有邀請朋友來家裡的習慣，平日可以收集一些小道具，以免臨時手忙腳亂。

上街購物時，若是看到一些可以增添派對歡樂氣氛的小道具，如漂亮的紙餐巾、酒杯、放酒的冰桶、雞尾酒的大玻璃缸等，可以先買回家。筆者曾在巴黎的蚤市買了一堆奇形怪狀的大餐盤，比方，盛魚的盤子本身就是魚形等等，就曾經為了用這些好玩的餐具而開了派對。宴會時大家都將注意力集中在餐具，這樣就忽略了我烤焦的牛肉☺。雖然因為買了新餐具而開派對，好像有點本末倒置，不過，幽默有趣的道具有最好的氣氛功效，廚藝不好也可以矇混過去。

香味也是一個很重要的道具，除了玄關，在客廳、洗手間擺上鮮花或乾燥花、果、葉等，帶給空間森林般的芬香。香味也是一個招待。

背景音樂

背景音樂要是人人能接受的輕鬆音樂。音樂的功能是使大家放鬆心情，所以最好是人人皆知的輕音樂、電影主題曲、莫札特等的輕快旋律。（厚重的交響樂，如馬勒、瓦格納，是屬於自己單獨聽的。）

燈光

燈光是營造氣氛的魔法師。間接燈光較能使客人心情鬆馳，也可以點些彩色蠟燭柔和室內氣氛。**一個「非日常」的空間，就是宴會時大家最希望享受的。**

收禮時的禮貌

收到禮物時，是否該立即打開？

這一點，在過去常被議論，而現在的趨向是：「迫不及待」比「漠不關心」

好。鮮花就立刻插入花瓶；甜點也一起享用。

收禮物時，一定要用雙手接，並謹記以下兩點：

①接下後，不論是任何小禮物，都要小心翼翼地放在桌上、台上。不可當面將禮物袋放在地板上或是房間的一角，不予理會。

②即使是收到你不喜歡的東西，絕不形於色。

討厭虛假的我，只有在收禮時會誇張。極力表現謝意，讓送禮的人覺得東西送對了。

「這是我最喜歡吃的，你怎麼知道？」

「我才剛剛想去買的，太棒了。」

「這最近在雜誌上看過了，這東西對身體很好。」

女主人的社交術

家庭聚會中，女主人最重要是要在賓客群中穿梭，主導全場的氣氛。一個人是忙不過來的，要請客人中的熟友作「現場指導」。有人負責倒飲料，有人負責放音樂。女主人的任務是要讓每位客人都積極參加，也要讓不會社交、內向的客人受到注目。

在介紹朋友們認識時，你能在五秒鐘之內將一位「超平凡、毫無特色的人」介紹的有聲有色，令人對他有好感，有好奇心，想多和他交談嗎？這是一個洗鍊的社交工夫。

而在穿著方面，女主人的衣著反而不要太華麗，也不戴貴重的首飾。主人要讓客人感到輕鬆又溫馨，不搶了客人的光芒；不過也不應該蓬頭垢面，衣服色彩避免灰、黑等暗色，盡量以活潑色彩設計的衣服來迎接客人。妳自己也是一個布置。

如何趕客、送客？

家庭聚會是生活的樂趣及社交的享受，要將這習慣持續下去，就不把它當成累贅。重點是：不勉強去做任何事！時間到了，想睡覺了就散會，不必拖著疲憊的身體陪客。

大夥兒還在乾杯嬉鬧著，而你想結束時，如何有禮的趕客？

可以考慮以下說法：

「我們再三十分鐘好嗎？所以還有時間，慢慢聊。」

「抱歉，我明天早上七點要出門。」

「待會兒，要不要替你叫車？」
「你們待會兒要一起走嗎？」
把話題轉向回程的交通工具時，也就是示意要解散了。

送客的禮儀是重要的閉幕式

首先，一定要親自送出大門口，或是到電梯口。送出大門口後，再目送一陣子，因為客人可能會回過頭來揮手，看你還在依依不捨的目送著會很溫馨。

另外，不要客人一出門，就馬上「砰」一聲關上門，或是立刻熄滅門口的燈，這些舉止都很無禮，好像迫不急待要打發賓客似的。落幕的方法是Home party重要的餘韻。

10

Chapter

去私宅作客時，小心地雷！

進入別人的私宅領域，
你看哪裡、摸哪裡、去哪裡、問什麼，
你的家教和人格立刻見真章。

受邀去朋友的新宅。想不出要送什麼禮物，就在朋友家附近買了甜點。看看錶，比約定時間還早個二十分鐘，就早點去吧。進了客廳，琳瑯滿目的一排小擺飾就一個個拿起來看，翻轉過來看是哪一家廠牌。之後，問主人：「可以參觀房間嗎？」進了臥房，那個軟綿綿的大床，坐坐看，「哇！好舒服」。進廚房時也偷瞄一下他平常吃什麼，用什麼廠牌的食品。看見一排藥罐子，「哇！你真會保養啊！」

依上述的例子，你踩到的地雷數目，恐怕有十條命也不夠了。

私宅是一個人最私密的地方，通常有某種程度的私交才會受邀。但是即使親密友人也不該失了分寸，否則一旦踩到對方的忌諱，主人不會再邀約第二次了。造訪私宅的禮儀要謹慎，不然會影響人際關係。並且造訪私宅的禮儀相當於吃相，會透露出你的家教。因為有文化家教的人，從小去朋友家裡玩，就會被父母教導：不觸及人家的私密。掌握著地雷的埋設地圖，造訪私宅絕不莽撞。

拜訪的時間

再熟的朋友，「突襲」仍是很失禮，即使對方剛好在家，也可能正在享受著獨樂的時光。另外，對方在外頭的形象和在家的樣子可能落差很大，不方便臨時開門讓你窺見「真面目」。

下列兩個情況中，哪一個比較沒禮貌？

a. 比約定時間早到？

b. 比約定時間晚到？

若是約在咖啡廳、餐廳，早到可以。但是去造訪私宅，要給對方充分的時間安排和心理準備，反而比約定時間晚個五分鐘（也不要太遲到）比較周到。

進門口的規矩

門鈴不可亂按，只要輕按一下即可。按兩次是不耐煩，按三次是討債。

不將外頭的塵土帶入室內，大衣、帽子、圍巾等在門口就脫下。（做到這一點就是真名媛。）

脫下的鞋子一定要併攏排齊。（這一點任何人絕對要做到。平時就養成習慣。）

送禮的禮節

選擇禮物的重點

重點是，要顯示你重視此次拜訪、特地為對方和他的家人挑選的禮物，而不是形式上敷衍。

禮物不在價錢高低，但要避免在對方家附近買禮物，否則會顯得自己無備而來，就地隨便找個東西充數，欠缺心意。

在量方面，特別是送有新鮮度考量的禮物時，需要考慮到對方家人的數目，不是數量多就好，避免造成對方的負擔。

另一個考量是數目上的忌諱，日本人絕不送四和九個（發音是死、苦，不吉祥），中國文化喜歡成雙的六、八、十；日本人喜歡奇數三、五、七。

參加家庭派對聚會的話，可以直接問主人自己帶什麼去比較好。較熟的朋友會直說：「那就請買些起司來」或「甜點」等。若主人說不必，那送酒是最安全的。因為即使和其他客人重複也沒關係，又可存放。

禮物何時交給主人才適宜？

不要在門口就給，而是進了客廳後，將禮物從袋子拿出來，用雙手呈送，才是鄭重的送禮方式。

端來的點心應該吃完嗎？

端出來的點心如果是自己無法吃的就照實說，不用吃，不失禮。失禮的是只吃一半，既浪費食物，也會被誤以為是嫌棄。即使是造訪情人的父母或是大人物，緊張到吃不下，還是要吃完，或是可以說：「我很喜歡但是吃不下，想帶走。」也OK。

私宅內的「禁區」地雷重重

邀請來家裡的客人一定有相當的信賴、親密度。雖然如此也要遵守禮儀，不踏入他人的「禁區」。而「禁區」的範圍是哪兒？

客廳

客廳是待客之廳，雖然隱私的東西一般不擺在這裡，但也不該好奇的東張西望、問東問西、四處走動，很沒品、沒家教。書架上的書、CD等，要先問過主人，才可以碰。客廳內的擺飾、照片可以看，不可碰。即使是要拿桌上的一張面紙，也要徵求同意。

廚房

廚房是一個人的健康基地，可能有不想告人的藥罐子或祕方，或是自己平日使用的食材等，是個充滿隱私的地方。若是不好意思讓主人一個人在廚房忙，想進廚房幫忙，或是幫忙收拾碗筷拿到廚房，都要先徵求主人同意才能進去。即使是熟朋友們一起在廚房內做菜，雖然很開心也不該東張西望，絕不任意打開櫥櫃或冰箱。

絕不自己提出要參觀房子

主人有邀請才跟著去。擅自開門、開抽屜衣櫃，當然是絕對不可，即使主人請你看臥房，也要說聲：「方便嗎？」別大剌剌地踏進去，稍微看一下設計就立即退出。當然更不許摸被子、床單的質料，或是直接坐在主人的床上。

參觀和偷窺不同。參觀是欣賞設計擺飾，偷窺則是探人隱私。

11
Chapter

名媛必具的生活教養——瞭解食器文化

為什麼食器可以吃出氣質？
真名媛是將錢花在別人看不到的地方。
別人看不到你在家用什麼食器，但是看得到你因而培養出來的氣質。

你對所謂「名媛」的憧憬是這樣嗎？
不食人間煙火，不下廚房，不會做菜，絕不沾油煙，都在外吃山珍海味。
家事全由傭人做，孩子的便當更不用提。
每天睡到中午，飯來張口，茶來伸手。
只和有錢朋友在一起，炫耀珠寶，比財產？

依我看，在過去時代的名媛、貴婦確是什麼都不會做、也不做，懵懵懂懂地過日子。而現代名媛是天天活得踏實，四肢、頭腦都發達；有一雙會跑會走的健腳，一雙會工作、會做菜的雙手，有知性的頭腦和感性的一顆心。全身沒有一部分是白有的：手腳既細緻優雅，也巧藝萬能。

我們看一下目前全世界的王室，英國、西班牙、荷蘭、丹麥、日本……每一位王妃結婚前都是職業婦女：新聞主播、銀行職員，在速食店打工，日本皇后雅子是外交部職員、歷任首相的太太、兒女都是上班族，全都有受過社會歷練，一切都是自己的雙手做、不假於人手。

世界各國都在東京設有大使館，我也經常出席大使官邸宴會。雖然在柔和的燭光杯影下，表面看起來歡愉祥和，但是其實不少是互相敵國的來賓共聚一堂。夫人們的「工作」，就是要和敵國的夫人「好熱絡」的社交寒暄，並且要演出「我倆超麻吉」。比方有一次就夾在俄國和美國夫人中間，這時最好的話題就是做料理！請教如何做貴國的某道菜。這表達友善、尊重對方文化，又不觸及敏感的政治話題。

我發現愈是先進國家的大使夫人們，都視做菜為一種文化教養，而引以為自傲。並且會做菜就一定自然而然會更深入食器的文化。

真、假名媛看得非常清楚，是不是只有表面鍍金？有沒有內涵？在一流的社交場交談一分鐘，差不多就看出是不是贗品（即使你全身的大珠寶都是真品）。因為大珠寶、大汽車，只要今天發財今天就可以擁有。而要擁有真名媛的氣質是靠點點滴滴默默耕耘，在人家看不到的地方下工夫，錢花在人家看不到的、地表下根部的地方——投資自己的內在和投資在家庭生活。

一個踏實、紮根的家庭生活，是培養出穩重氣質和光環的基點。

食器是食物的衣裳

食的文化包括了「形而下」和「形而上」。

人都是先滿足了形而下，即吃飽、吃好之後，才開始進化到形而上的境界，也就是餐桌禮儀和食器的藝術文化。好吃，雖然是個必須的小確幸，但是年紀過了三十歲在餐桌上的愉悅還只限於在味蕾上的話，人就太貧乏了，該開發更豐厚的品味和感性。

愈是高檔的美食家愈講究食物和食器的相襯，因為這藝術也增加美味（科學證明視覺會影響味覺）。

真名媛是在於感性開發的多寡，在說「好吃」之前，先以視覺感受餐桌上的形而上之美。

「食器是食物的衣裳」，這句話源自日本明治時代的陶瓷藝術家、也是美食家的魯山人。就像「人要衣裝，佛要金裝」，食物也要由食器襯托和表達，才是一道完整的料理。

為什麼食器可以吃出氣質？

一、名媛的感性不會只停留在動物最原始的感官「好吃」上。餐桌上是一個多元的藝術，食器和擺盤的品味，這些屬於形而上的享受，更豐富心靈。

讀者們多多欣賞和瞭解世界著名的食器，可以培養出高度的審美觀。有此眼光，即使是廉價品也可從中挑選出好品味。

在自己經濟範圍內擁有一些美麗的食器，即使一個人吃也注重食物與食器的搭配。在別人看不到的日常物品生活上下工夫，是提升自己氣質來源的方法。

二、再貴的杯、盤不是只供擺飾或是炫燿用的，要實際用在生活中，因為食器很脆弱，稍微一點缺口或是金鑲邊稍微禿了，就不能拿到客人面前。因此，每天若是使用精美脆弱的杯、盤，你一定會養成纖細秀雅的飲食動作，也自然而然會想學習更多餐桌禮儀。每天用拋棄式碗筷的人是萌生不出這意願的哦。所以注重餐桌上的藝術的另一個好處是，可以防止你粗快地暴飲暴食，不信的話請試試☺。

若你受邀去朋友家或是在餐廳，端來的杯盤，你立即可以說出讚美詞，比如：

「Augarten有這款純白無彩繪的系列，好特別哦！」對方會在心裡默默認可你是「高檔名媛」。

注重餐桌上的藝術，是名媛的基本生活品味，不需要名貴品牌，即使是廉價的「硬體」，透過你盛擺的好品味的「軟體」，就是一席作品。

必須擁有的歐洲食器知識

瓷器（china）雖是在中國誕生的，但在餐桌上，中國、臺灣的民間文化並不將食物和食器並列同等重要，食物用什麼盛著都不在乎，只要好吃、吃得飽。反而在歐洲、日本這些受中國瓷器文化薰陶的國家比我們更重視食器文化。這一點值得學習。

歐洲的食器歷史遠遠短於中國，起於十五世紀，義大利翡冷翠郡主麥地契（Medicci），不過當時只使用銀器；歐洲的白瓷文化是十六世紀從中國傳入英國宮庭，十八世紀盛行下午茶，因而帶動了瓷器文化，從宮廷普及民間，之後傳遍歐洲。

現在世界馳名的食器是以歐洲品為主。這是一門必備的文化教養。

德國的名窯：麥森瓷（Meissen）

看到Meissen的彩繪會聯想到故宮博物院內的中國御窯。沒錯，Meissen是從模仿中國瓷器開始的，歐洲的瓷器歷史是從Meissen開始。

Meissen是位於德國柏林以南約一百公里的小鎮，是歐洲瓷器的發源地。之前歐洲只有灰灰土土的陶器。十六世紀大航海時期，西班牙、英國、荷蘭人陸陸續續來到遠東，當他們看到中國純白、堅硬的瓷器時，驚稱它為「白色的金子」。歐洲的王侯貴族都視它為至寶，以擁有這些中國的白瓷器為權富的象徵。當時白瓷器的價值比寶石還貴。

十七世紀，德國的郡主奧古斯特二世將燒瓷師貝多卡（J. F. Bottger）囚禁起來，逼他研究如何燒製出這中國的白瓷器。一天他終於發現有一種硬瓷土可以久耐高溫，和中國景德鎮高領山的礦土類似（因此稱為kaolin土）。一七〇八年，他研發出歐洲的第一個白瓷，郡主就在Meissen這地方建造了歐洲的第一個瓷窯。

負責彩繪的是兩位風格不同的大師。一位是宮廷雕刻家，他專畫歐風的貴婦人形和義大利喜劇風的小猴子，是現在一看就知道是Meissen的象徵。另一位是專畫東洋風味的繪師，這畫風稱Chinoiserie中國典型的桃、竹、梅、蘭、鳥、老虎和石榴。當時歐洲人都以為石榴是洋蔥，有不少諸如此類的有趣誤解。

除了中國風之外，印度之花和日本的柿右衛門（動、植物繪圖），也是Meissen的手彩繪。Meissen的歷史最古老，至今仍居首席的地位。三百年歷史的Meissen工廠內有個博物館，可以參觀彩繪師的工作，也可以在此買下批發價的瓷器。

知性可以刺激感性。擁有Meissen瓷器的歷史背景知識，在博物館欣賞時，就更能夠想像出當時什麼代表東、西文化的交流？西方人是如何感受東方的文化？這種深思遐遠在歷史課本上是學不到的。

其他如Rosenthal是十八世紀，Villeroy & Boch是十七世紀誕生的，也都是德國的著名瓷器。

為了讓名食器能和生活更貼切，近年來的製法都是經得起洗碗機和微波爐的磨練。再怎麼貴重的食器，終究是要用的，不是擺著看的，請將它溶入你的生活裡。

中歐的名窯：Herend, Augarten

克服萬難、終於研究出歐洲人夢寐以求的白瓷器製法的貝多卡師匠，因郡主怕他洩露這企業機密，他一生都被軟禁在Meissen的工房內。不過這白瓷製法的機密仍被其他工匠偷轉到國外了。

首先傳到奧地利，然後荷蘭、法國、英國、丹麥，之後到俄國，傳遍歐洲了。

當時奧地利女王是瑪麗亞．特蕾莎。擁有高質地的名窯瓷器是君主權威的象徵，因此她在維也納附近創設了Augarten窯。剛開始也是模仿Meissen，之後發展出它獨自的花樣。主要是巴洛克的形狀，加上金邊及花的彩繪。

Augarten的產量少，在亞洲較罕見。它的典型是：非常女性化的巴洛克形狀，純白底加上金邊及綠色的花朵，看起來高貴但是簡單又清爽。似乎可以從它猜出女帝瑪麗亞．特蕾莎的個性。這是筆者最喜歡的瓷器。

中歐的另一個名窯Herend，也是食器收藏家之愛。Herend位於匈牙利，匈牙利過去是鄂圖曼土耳其帝國領土的一部分，是歐洲唯一有亞洲血統的國家；在十八世紀是奧匈帝國的一部分。因此，從它可以看到明顯東、西文化的混合。

它在一八二六年開窯，是奧地利皇室 Habsburg的御窯之一。它具有歐洲王朝的風格，再加上東方味的畫風是它獨特的標誌。英國查理國王和故黛安娜王妃訂婚的紀念禮品就是Herend的瓷器。

這些具有悠久歷史的名窯不在乎什麼「供不應求」，他們絕不量產，至今仍死守著手工製作。工匠技師們就在這風光明媚、僻靜的小村莊裡，一個一個瓷器用手慢慢磨、慢慢畫。外頭的AI時代強強滾，絲毫不影響他們的心情，兩百年前怎麼做，現在就怎麼做，這就是他們的作品永遠維持得住王朝氣宇的緣故吧！

不必去追趕時代，以不變應萬變。只要是好的東西，不必你去追時代，時代會來追你。

英國的名器

若是沒提到歐洲瓷器的發祥地是Meissen的話，大概不少人會誤以為發祥地是現在的瓷器大國英國。英國雖然是後起之秀，但是青出於藍，「青勝」於藍。

說它「青勝」是在窯的數量上勝於德國。這是由於喝茶的文化在十八世紀大大盛行於英國宮廷之後，又流傳遍民間。有茶為「軟體」，自然需要有「硬體」的食器來搭配，因此掀起了瓷器市場的強烈競爭。各個窯場精心鑽研設計，兩百年下來，奠定了現在英國食器的質和量以及普及性，都是世界首屈一指。

英國名窯中最具代表、眾所皆知，一定擺在百貨公司專櫃裡的是Wedgwood。

在一七四九年，由英國人Thomas Frye首創將動物的骨灰加入瓷土內燒製成bone china。Wedgwood先生在一七五九年設立了公司，將這技法改良後成為自己的招牌商品。Wedgwood先生不愧是在工業革命的發祥地，他將瓷器的製作工業化，使品質安定。當時英國又是到處航海的日不落國，他也將 Wedgwood的產品販賣到全球英國的殖民地。

這就是為什麼英國雖然是瓷器的後起之秀，但是能夠比其他國家更發揚到全世界的原因，他們充分利用了工業革命和以殖民地做為全球市場的利基點。所以

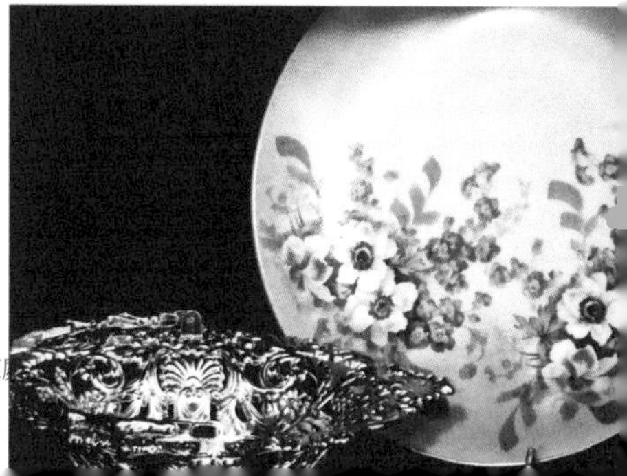

Wedgwood不只是瓷器研發師、藝術家，也是工業化的企業家，更是開拓全球市場的生意人。

最具象徵的藍底加上白色浮雕的樣式（129頁），是以希臘神話為主題；帶土耳其藍色的Florentin（129頁上圖），是從一八六〇年誕生的圖樣，幾百年下來仍屹立不搖。

英國著名的食器不勝枚舉，其中代表性的有：Royal Doulton是一八一五年從倫敦泰晤士河邊的一個小窯開始，在一八八四年引進了bone china（骨灰白瓷），一八八七年維多利亞女王賜給了「Royal（皇家）」的封號，是世界上最大的陶瓷器製廠。

Minton是一七九三年由銅板雕刻師，首創在堅硬的骨灰白瓷的周邊，加上液體的黏土，做為浮雕裝飾。這個畫期性的製法，使食器的裝飾更為華麗。維多利亞女王開始使用，並稱譽它為：「世界最美麗的骨灰瓷器」。全世界的英國大使館都使用它，有「食器的貴婦人」之譽。

Royal Crown Derby是一七四八年創業。在一七七五年喬治三世賜給「Crown」的封號，在一八九〇年維多利亞女王賜給「Royal」的封號，是唯一享有兩個皇家封號的瓷器。它的特徵是：受到日本古伊萬里的影響，有金彩、紅色和濃藍色的鮮艷色彩。

Royal Albert是一八九六年創業，是最具有英國風味，以英國的國花玫瑰為標誌（129頁）。

Royal Worcester於一七五一年創業，是英國現存最古老的名窯。它最有代表性的模樣是水果圖和22K金的金彩。

Spode於一七七〇年創業，它獨特的技法，將銅板的皮畫印在紙上後，轉印在瓷器上，這使瓷器的花樣儼然像一幅畫。

法國的名瓷器

法國中部的Limoges是最大的窯廠地區，也是觀光勝地。法國瓷器約百分之五十在此生產，包括名器Bernardaud, Raynaud, Haviland。

Bernardaud是一八六三年創業，受拿破崙三世的寵愛，是Limoges最大規模的名窯。

Raynaud於一八四九年創業，也是Limoges的代表之一。它獨特的透明感是來自於高領土（Kaoling）的調配法。它不量產，只依訂單生產，一流的飯店、餐廳都以使用它為榮。

Haviland是美國商人Haviland一八四二年去法國開創的窯，它的特色是白，又薄又硬。以美國總統林肯等在官邸享用它而聞名。

Sevres是法國政府國宴一律使用的國立窯。國立瓷器廠可以從巴黎乘坐地鐵到終點Pont de Sevres，是一七五三年路易十五世設立的洛可可風格的瓷器窯。它是只依訂單生產，也稱為「總統的窯」。

義大利的名器

義大利講究美食，自然也追求食器的精美。文藝復興的發祥地翡冷翠，是歐洲美食的發祥地之一，在此地的貴族Carlo Ginori於一七三五年創設義大利名器Richard Ginori。

Richard Ginori的花樣非常好辨識，稱為「義大利的水果」：中央是黑棗，周圍是五彩繽紛的花朵和水果散布著。在它創窯的十八世紀當下是流行著「東方調」，但是它不追隨，堅守義大利自己快活的花樣，一直到今天。

陰雨天，心情消沉時，用Richard Ginori的茶器捧在手上，那鮮艷快活的顏色和花樣，會讓你聯想義大利燦爛的太陽，令人振奮起來。

北歐的名器

北歐的食器也是收藏家所喜愛的。荷蘭的Delft，丹麥的Royal Copenhagen，芬蘭的Arabia，挪威的DANSK，它們的特色是外型厚重，花樣也較樸素。

去朋友家作客，端上來的食器是純白、厚實的DANSK的話，還沒嚐到主人的菜，也可以猜想一定是好手藝。為什麼？因為DANSK的特徵是純白樸實，厚重又保溫，很適合「慢食」（Slow food，於後篇說明）。由此可知主人一定生活得腳踏實地，注重家人歡聚的溫暖。

北歐瓷器中最著名的是丹麥的Royal Copenhagen，由名字Royal也知道是王室愛用的。它是一七七五年由當時的國王和皇太后大量出資所設立，也以它做為呈贈給其他歐洲皇室的御禮。

它的特色一眼就可以辨識出來：海藍色的花樣，就像丹麥童話中許多以海為主題的故事；花樣全是用手工繪畫，至今已經兩百五十年了。

日本料理和食器是一體

日本料理於二〇一三年被列為UNESCO的「世界無形文化遺產」。

別於一切料理，日本料理的特色是：注重「形而上」的部分→對刀法、擺盤和器皿的選擇的講究。

若料理是女主角，器皿就是男主角，兩者的搭配加起來才是一個料理的整體。所以如果在日本吃頂級的日本料理時，只顧「好吃、好吃」，不欣賞形而上的部分，就是不瞭解日本料理的真髓。

能對端上來的器皿馬上說出感想：

「這江戶玻璃小缽好清爽，真適合今天的酷暑。」

「這織部的飯碗，顏色真美。」

「這個木漆的湯碗竟然這麼輕！」

在日本的名媛、貴婦秀的、炫耀的，是這些教養和生活價值觀。

日本的陶瓷文化是從中國傳來的。我們可以從現代日本的陶瓷器，看到我們在歷史上失傳的文化和美感。並且日本的陶瓷文化非常深入生活中，講究的人會天天用陶器（非瓷器）飯碗吃飯，可以保溫，和感受陶土的質感。製陶的嗜好也非常普遍，也不斷有新世代陶瓷作家出線挑戰國寶級老作家。

讀者們赴日時，逛逛當地土質燒成的陶瓷器店，也是一個參觀重點。但是日本的器皿的用法觀念和中國完全不同，在此介紹日本器皿的用法要點：

各種器皿的分類及用途，每道菜都有規定的「制服」

日本會席料理一眼望去，十幾個高、低、深、扁、大、小的碗盤，這不是在玩噱頭，而是日本食器文化的特徵——每一道菜，有它規定穿的制服（器皿），絕不亂用。

飯碗：一般家庭是瓷器；講究的人用陶器。

湯碗：一般家庭是木器；高級的是木漆器；更高級的有金繪畫，稱「金蒔繪」。

筷子：中國、臺灣人用各種材質的筷子，像塑膠筷、木筷、銀筷。韓國人用不鏽鋼筷；日本人則只用木製。但是非常講究木質、筷型的方、圓角，筷尖的尖度，這也是只有天然木頭才表現得出來的藝術。

平皿：Hilazala，蒐集日本陶瓷的初級者可以從這個平皿開始，它的用途廣，中國菜、義大利麵都適合。

丼：日文是Donbuli。鰻丼、天丼、牛丼都是用這種比飯碗、湯碗大二號的丼。

小缽：盛放開胃菜或是醋味小菜，有陶、瓷、玻璃器。深缽是放有湯汁的，淺缽是放醬菜類。

角皿：Kakuzala，一般是盛放魚用的，是製作難度較高的器皿，依你的品味，有許多展現方式。

豆皿：Mamezala也就是放醬油或是蔥、薑末用的小碟子。

置筷器：Hashioki。日本料理禮儀中的一個禁忌是，**絕不將筷子擱在碗上或盤子上，一定要放在置筷器上**。置筷器也是餐桌上的裝飾品，什麼材質都可以，甚至從海邊、深山裡撿來的小石頭或小木頭，都可以用來做為置筷器，也點綴餐桌。

日本的每一種餐具的用途一定要分清楚，買了一堆日本陶瓷器，而用「丼」來盛湯，用木湯碗來盛飯，用豆皿放生魚片等，就不入流了，要有用得起的知識。（各餐具的正確使用禮儀請參閱《品味的法則．餐桌禮儀：日本料理篇》，陳弘美著。）

食器吃出氣質

「食器吃出氣質」，這是筆者創造出來的話，發現它可當繞口令，不信的話，快速說三遍看看☺。

去過不少大富翁的家，感覺上暴發致富的家裡有一個共通點是古董一大堆，名貴食器只供擺飾。他們共通的價值觀是錢不花在「會用壞」的物品上，只花在不會壞，有保值的東西上。所以名貴食器只供炫耀，不使用。

食器是很脆弱的，因此每天若是使用精美脆弱的杯、盤，一定會養成你纖細秀雅的飲食動作。這就是一個人氣質的來源。

別人看不到你在家用精美的食器，但是看得到你因而提升的氣質結果。

4

亮麗的光環是量子力學，提高頻率的方法

「容光煥發、光鮮亮麗」這不是幻覺，
從量子科學知道這是當人的身心靈，
也就是肉體和意識的生物光子處於高頻率。
開悟可以從科學。瞭解宇宙萬物的真實結構，
就知道一切都是從自己開始改變。

12
Chapter

光環來自健康、高頻率的生物光子——運動和飲食的原點

感覺她朝氣又陽光……，是的，你確實「看」到她散發出來的光子。名媛不會彎腰駝背、陰沉無光。高頻率是身體健康、精神正向的一個自然結果。最有效的健康法都在原點。

瞭解生活中的量子科學會更有信心去實踐

如果還說「念力」、「氣場」是迷信，那就不科學了。開悟並非得從宗教。當你從科學瞭解宇宙萬物的構造，也就是瞭解自己真實的構造，就知道什麼是人生該努力的、什麼才是關鍵。這不是形而上學，是物理學。

筆者在十多年前寫本章「名媛的光環」的當時，形容「光」是一般抽象的感覺，而現在是依最新物理學的量子科學的生物光子說明，人確實是會發光的機理。

既然這是物理學，意思就是它必有具體又公平、人人可以達到的方法。

在過去，只要是不符合宏觀物理學的現象，都歸於「神祕、靈異」，不再做深層的理性思考。在這一百年之內，科學不斷地證實了量子力學的定律，將「看不到」的現象：振動、念力、氣場、心電感應等等，在微觀物理學的量子科學都得到解釋。我們接受這個科學事實，會對人生的價值觀和日常生活的態度改觀。

量子科技已經實際應用在量子生物、量子電腦、量子化學、量子通訊等等，我們也可以應用在名媛養成☺。瞭解其機理就知道這不是天馬行空，會確信我們應該努力的方向，活出真正豐盈的身、心、靈。

瞭解生活中的量子力學

在這一世紀內的諾貝爾物理學獎，有一半以上是頒給量子力學相關的研究。最近的是二〇二二年的量子糾纏。量子力學可以說是這世紀最高的科學成就。

我們在此書內，需要知道的是兩個最基礎的知識：

一、構成萬物和能量最小單位的，是小於原子的基本粒子。這就是我們人實際的結構。

我們在高中的物理課學的是：一切物質是由分子↓更細分成原子所構成的，最小的單位是原子，這就是古典的宏觀物理學。在大學更進階學到微觀物理學即小於原子的物理學：原子並非最小單位，原子可以再更細分化到不可再細分的單位，稱為「基本粒子」。目前科學證實並可以控制的基本粒子有十七種。觀察基本粒子動態的物理法則，就稱為「量子力學」。

我們身體的三十七兆個細胞、我們用的手機、養的貓咪、吃的雞排……，一切都是由基本粒子構成。

二、基本粒子的基本特性：雖然基本粒子是原子的細分化到極限，但是它的性質、動態行徑和原子所屬的古典宏觀物理學完全不同，愛因斯坦始終稱它「詭異」。①它具有「波粒兩性」的現象，既是粒子（物質），也是波長頻率。②它會共頻共振。③具有能量。

愛因斯坦從他的質能方程式$E=mc^2$，說明「一切物質就是能量所構成的。物質就是能量，生活中的一切都在振動」，這就是振動定律。人就是個頻率的物體。並且當你感覺某人的氣場很強，這是物理學。馬克思·普朗克（Max Planck）著名的方程式：$E=hv$，能量與頻率成正比，頻率越高，能量就越強。

科學家尼古拉·特斯拉說：「如果你要瞭解宇宙的祕密，就從能量的頻率和振動的角度來思考。我們是在振動宇宙中的振動實體。我們是頻率的接受器，也是發射器」。

我們發出的頻率會影響周遭。

人的光環是生物光子處於高頻率

陽光、燈光會耀眼，那就是光子（photon），是光的基本粒子。

愛因斯坦在一九〇五年提出光子的假說，之後物理學者們的實驗得到了充分證實。由於愛因斯坦這關鍵的發現，他在一九二一年獲諾貝爾獎。之後德國理論生物物理學家弗里茲・阿爾伯特・波普博士（Dr.Fritz-Albert Popp）在生物的DNA內發現生物光子（bio photon），它存在於任何生命體內。

生物光子同樣是有振動頻率、有能量，並且會隨著呼吸散發出體外。同樣的，生物光子的能量強弱和頻率高低成正比。由於生物光子的波長在二百到八百奈米公尺，不在肉眼視覺範圍內，但是以高感度科學光儀器CCD用於生物研究，可以看出各種生物有強弱不同的光。

所以我們常常用「光」來形容一個人的狀態，比方光鮮亮麗、神采奕奕、光明磊落等，這是因為雖然肉眼看不到，但下意識可以感知到。我們都希望健康、快樂，散發出朝氣陽光的高頻率，該如何著手呢？

波普博士說：「光子就是意識。意識是一種同時性的光子（coherent photon），是全身細胞散發出來的。」這也符合了我們會感覺某些人的氣場好、正向、溫暖、在一起很舒服快活；或是反之，愛說謊的人在他旁邊就不舒服；這都是散發出頻率的高低，以及共頻共振的物理法則。

暢銷書《吸引力法則》、《祕密》就是根據這個原理，即物以類聚、高頻率會吸引高頻率的人、事、物。

不過若是經常處於高頻率，也就是身心舒適、心裡充滿感謝和愛的狀態的話，至於吸不吸引也就只是個附贈品了☺。

提高頻率的方法盡在身邊——動和食

然而我們生來此世的目的，是從各種正、負面的經歷中萃取智慧以提升靈格，並且越是有上進心的人，遇到的挑戰、阻力、逆境就越多。誰能無憂無慮無挫折、天天維持正向的高頻率？

宇宙很公平。再怎麼看起來天生命好或是後天成功的人，其實都是賦予同等量的，「註定的命」和「可以改變的運」各百分之五十；人生的好運壞運、高潮低潮各佔百分之五十。既然大家都是同等量，為什麼會有人老是正向快樂的高頻率、而有人老是抱怨消沉的低頻率，是哪裡不同？

有智慧的人在逆境時，首先會分辨什麼是自己可以改變的，什麼是無法動的。沒有辦法改變的就去接受、換個角度去詮釋它、設法去喜歡它，甚至去反噬問題、去烹煮它、煉提出養分。（詮釋能力在下一章會說明）；對於無法改變的大局，還是會努力尋找出自己可以操控的「小局」。

即使是在天沖地剋的逆境中，有一個是你絕對可以操控的，那就是製造一個健康舒服的高頻率環境給自己的身體。這是誰都插不了手的，完全由你主宰。先從身體著手，因為肉體和精神是一體，肉體處於健康舒服的高頻率，自然會帶動精神正向。

相信你也經驗過，當你腰酸背痛和體力不好的時候，連芝麻小事也會煩躁。而體力充沛、精神抖擻的時候，累積許久的問題也會積極去處理。身體健康是一切之本。

若處於逆境時仍舊保持身心愉快，那人生5：5的順境逆境比例，不就增多了快樂的比例嗎？這就是超越了命運。

筆者也經歷過低潮期，熬過之後，才知道那是八字所謂的天沖地剋，而現在回想起來，就是那時候學得的智慧。

當時確實有無法動彈的僵局感，但是我想到了——大局我動不了，但可以掌控的是自己的身體，何不趁這時候練出一個好身材？這個是百分百自己可以主宰，於是我開始每天八公里的健步。我發現這比我過去打網球、滑雪的劇烈運動更能燃燒脂肪，果真塑造出從來沒有過的好身材。

好身材只是一個副產品，主要是運動能使筋骨舒暢，體內含氧量多就會心曠神怡。看到你朝氣又陽光，散發出的高頻率，大家自然會想靠近你。與高頻率的人、事、物共頻共振，一個正向循環就開始。

永續不變的健康法——動和食

所謂身、心、靈的「高頻率環境」，是身體健康和飲食正確。聽起來是陳腔濫調，是的，因為這是永續不變的法則，並且我發現最有效、最先進的方法，都是回到最原點。

最新、最有效率的運動是最原始的

當你一感到低潮就停止再思考，因為掉入了負的漩渦裡，怎麼想都是負面的；不妨立刻穿上運動鞋到戶外走、動、跑、跳，刺激血行增加體內含氧量，讓頭腦輕鬆放空，這是身心靈合一最快的方法。

以前看到剛做完運動的人有活力四散的感覺，現在從量子力學得知，那是細胞內的生物光子增強了能量。所以拼命做臉的人只能看臉，有做運動的人是從背後都會感到容光煥發。並且研究發現，增加活力和抗老化的機理，是細胞內的線粒體

（mitochondria）的分裂增殖。線粒體會分裂增殖是當有危機感的時候，比方當人運動到會喘氣的時候，並且運動後多巴胺的高揚感和安祥、幸福、成就感的內啡肽，是只有付出努力才會得到的幸福感。動吧！

一、超慢跑（slow jogging）

有沒有一個運動可以輕鬆做、運動效率高、又不花錢不花時間、隨時隨地、全天候？

有，超慢跑。

筆者在四年前開始超慢跑，真的改變了我的人生。

超慢跑是由福岡大學田中宏曉教授提倡的。現在是日本最新流行的運動，但其實也是石器時代就可以做的最原始運動——只是小跑步而已。

筆者的家人大多是醫生，因此我也一直很關注不斷推陳出新的健康法，而我發現再怎麼新穎的運動，要從運動獲得的永遠是這兩點：提高心肺機能、強化筋骨。超慢跑不但是最有效，也是最輕鬆達到的。並且如果本書有下一次新版，我想超慢跑仍然會是我最推薦的，因為這是永續的原點。

筆者是運動健將，向來喜歡劇烈運動，如網球、滑雪，但是真恨不得在最愛漂亮的二十多歲就知道超慢跑，因為一次只要花三十分到一小時，就可以不用節食維持身材，並且出現了我一生都沒看過的腰部甲馬線。效率這麼好的運動，竟然又是最輕鬆的。日本的明仁上皇在八十一歲時做過心臟支架，也能在皇宮庭園和美智子上皇后一起做超慢跑（電視報導）。所以超慢跑是任何年齡和體質都可以做的運動。

超慢跑很輕鬆是因為特色在於步幅小、時速在五公里左右，心跳在一一〇～一三〇之間。筆者剛開始很不屑的覺得這樣算是運動嗎？但超慢跑的運動效率高的原因就在此，因為對心臟、肢體的負荷少，所以可以做久。

以筆者為例，時速七公里跑個四十分鐘，即使是冬天也會汗流浹背，並且最大的回報是運動完後，那巴胺的高揚感和內啡肽的成就感、幸福感充滿全身全靈。

在疫情期間，聽說很多人在隔離旅館都做這個室內超慢跑，只要原地踏步也是有效。需要提醒的是，最重要的是姿勢。筆者在日本有位朋友教我如何確實用到腸腰肌、雙臂如何擺動、腳的著地、呼吸法。YouTube上有一些影片可以學習，比如「班長布萊恩」等，姿勢正確會使效率更好。

另一個意外的發現是，一般運動完後會食欲大增，超慢跑後也會飢腸轆轆，因為我已經不怕胖了，所以想肆無忌憚的大吃，但發現很容易有滿腹感和滿足。我猜想是不是因為經常分泌內啡肽的原因。

一般人會過食或依賴甜點、酒精，是因為下意識要彌補精神上的欠缺感，所以失戀或是消沉的時候會有這個傾向。而經常分泌安祥、成就感的幸福荷爾蒙內啡肽，會使腦容易得到滿足感。聽了不少跑步的人也是這麼說，真是一舉數得。

二、健步

幾乎所有「成人病的對處方法」都會提到健步。筆者在舊版也有提到健步，因為這也是永續運動的原點。筆者想要提供一個自己的「研究」經驗：常聽說健步要大步走、要走快，但是我覺得這會誤導，因為這是要以有腹肌和背肌為前提之下，大多人都沒有，沒有體幹核心肌群的人走大步、走快會成這樣↓為了平衡、脖子會往前伸、上半身往前傾。相信大家看過很多人這樣走，這對腰椎的負擔很大，反而會造成運動傷害。

培養體幹核心肌群的正確姿勢如下：

一、上半身：挺直腰桿、雙肩膀往後。這樣可以慢慢的練出腹肌和背肌。

二、下半身：不在大步或快。小步慢走也沒關係，但是每一步要伸展大腿、後膝、小腿的後部肌肉到阿基里斯腱。牽動整條腿背面的肌肉直到臀部，也使提臀效果顯著。

雖然慢但是運動量相當大，並且這樣訓練出來的姿勢和腿部肌肉，會使你平常走路和穿高跟鞋的走姿美。等到練出腹肌和背肌之後（約需兩個月的時間吧），再進階、走大步和走快。

健康從細胞開始——自家廚房是原點

吃得對、吃得好的人就是感覺閃閃發亮。健康的細胞當然生物光子是在高頻率下活跳跳。

吃得對、吃得好，不是靠砸錢，是靠科學知識。

「吃好」是比方、不聽信「吃膠原蛋白保健食品就會在臉上長出膠原蛋白」、它進入體內只是被分解為蛋白質而已。「吃好」的原點是吃無添加物的原食物。

「吃對」是掌握自己當下的狀況需要吃什麼。健康的細胞要靠自己養。外食是很享受，但基本上家裡的廚房才是健康的原點，因為可以完全掌握一、食材的安全性。二、營養均衡以及吃的組合安排、和正確的調理方法。三、醫食同源，迅速對處未病。

廚藝不必太高明，比方筆者做菜的宗旨是：簡單、快速、好吃、營養均衡，在這狹窄的條件中仍有很多創意☺，也是個樂趣。越忙的人越要注重入口的食物。善待自己，從吃好、吃對開始。

健康的基地——廚房

只有在自家廚房做得到的：

一、**安全性的掌控**：只要守住一些基本的科學原則，像是：

◆注意油質。油是必須的養分之一，也是形成細胞膜的基本元素，很容易被身體吸收。油的知識很廣，在此只提盡量不用氧化的劣油。雖然我去臺灣也喜歡吃劣油炸的臭豆腐（好像油越劣越香☺），在日本一般家庭都知道油炸超過一百八十度就不再炸第二次，因為會產生有害物質。可以用於較低溫的炒菜，但是要保存於陰涼處，並不超過十天左右。而外食的油不會像在家的廚房每次都是新油。

◆至於要不要用有機食物，因為「有機」的定義的玄機很多，有經濟能力的人堅持有機當然很好，筆者是只有糙米選擇無農藥，因為是吃米的皮，其他蔬果都是在一般超市購買。我們需要做的是監督政府好好治國，不當稅金小偷，替國民的食安嚴格把關。

二、**吃好吃對**：是指營養均衡、烹調方法的對錯、以及怎麼吃、食物的組合會更發揮效果。

◆外食的賣點是好吃、順口、美觀。所以有些食材最營養的部分，比方蘿蔔的皮、菠菜的根等，因為不美、不順口，所以不會上桌的，而在家做菜就可以好好利

用這些營養寶庫。

◆會因烹調方法的對錯，而增減食材的養分功能。比方有酵素的食物應該生吃，加熱會被破壞；或是有紅蘿蔔素的食材要用油炒過後，才容易被體內吸收。

◆你吃的糙米有真正被吸收嗎？在電視看到、浸泡糙米時加入一大湯匙優格，除了可以縮短浸泡時間，又可去除糙米的重味。並且乳酸菌會分解糙米的皮、使它更容易被吸收。因為大多糙米的皮沒有被吸收，就被排出體外。

◆除了營養均衡，吃的組合會有相乘效果，比方鐵質的食物和維他命C一起吃，能促進鐵質的吸收；維他命A和維他命B的食物一起吃，能彼此幫助吸收，所以牛肉加豬肉的絞肉很好，諸如此類。

三、**醫食同源，迅速處理「未病」**：廚房也是醫院，生活上小小的不舒服，廚房就可以對處了。中醫有「治未病」的觀念，比方寒、虛、便祕、懶散沒勁，這些毛病沒有嚴重到要上醫院，但是病厭厭的，使生活品質低落，就在廚房做醫食同源。（網路上有許多專家的影片可以學習）。

山珍海味連續食用對內臟也是個負擔，只有在自家廚房才能做到「減法的飲食」。莊淑旂博士在日本親傳我不少健康法，其中一個是蘿蔔乾。凡是日曬過的食物都會產生化學變化，使礦物質、維生素倍增，蘿蔔乾是一個例子。它是高纖維、高維他命、高礦物質，而且退火，所以若是應酬多、重油重肉持續了一陣子，就在家裡做個簡單的菜脯蛋讓內臟休息。

莊淑旂博士告訴我，她也教過日本明仁天皇（現上皇）和美智子皇后（現上皇后）自製菜脯。兩人在皇宮的庭園內曬滿了菜脯，並且在皇宮一年兩次的遊園會的饗宴中，將他們親自製造的菜脯用在臺灣的春捲裡宴客。

廚房也是製造全家高頻率的工坊

廚房是醫食同源的一個實例：我在日本的好友料理專家西岡惠子，她的先生是日本電腦業界鉅子。他們結婚前，先生因為母親要工作關係，他幾乎都是外食。他自小就罹患氣喘炎，他們剛結婚時惠子天天給他煮中藥。之後惠子開始學做料理，修得了食材的知識，就立志要用三餐飲食為他老公戰勝病魔。

當時他還是技術員，不富有，但是惠子仍盡量使用無化學添加物的好食材。幾年下來，不知是因為免疫力提高，他不用再服藥了。之後他們赴美國，惠子仍然對食材謹慎選擇。之後老公成了日本電腦業界龍頭，應酬多但還是盡量在家吃飯。數十年來不再見氣喘復發。惠子感嘆「老公的健康真的是太太的作品」。

我在想是不是還有其他原因☺。常聽說「懷着愛心做菜、菜會更好吃」，從量子科學的角度來看，這並不只是一句安慰話。人的意念是生物光子，會共頻共振。

暢銷書《生命的答案，水知道》中，說用放大兩百倍的顯微鏡觀察水的結晶，當對水說愛和感謝的時候，水會呈現美麗的六角形結晶（原子排列整齊）；而對水說王八蛋等怒罵的話，水就無法形成結晶。這就是物與人的意念的頻率高低之共振效果。所以做菜時，想著家人或是朋友開心大吃的笑容，也一邊感受著新鮮食材會善待自己的細胞，這也都是活在當下（mindfulness）。

接下來我們來探求意念的力量。

13 Chapter

光環來自高頻率的意念——加強腦對幸福感的深層學習

佛家說：「人有八萬四千種煩惱」，這換成現代腦科學的語言就是：「大腦原本就是負面思考、是一種自衛本能」。

腦天生就是要煩惱的。但是我們可以操舵腦對幸福感的深層學習，多快活、多發光。

改變頻率，就改變境遇

「就是揮不走不安、憂慮、悲觀，我就是這麼負面的人……」

不必擔心，反而要先感謝你的負面思考，因為有它，我們人類才得以活存到今天。根據腦科學研究，人一天有六萬次的思考，其中七成是負面思考。負面思考是人與生俱來的一種自衛本能。

人類自誕生以來必須面對無數的天災、天敵，必須要預想最壞的狀況、超前部署、未雨綢繆，甚至杞人憂天，之所以有此危機意識，人類才得以留下子孫至今天。負面思考已經成為DNA的一部分。所以佛家所謂的「八萬四千種煩惱」，以腦科學的語言就是，只要你有腦，就有負面思考的習性。

動物中會負面思考的只有人類。但是可以掌舵腦的方向的也只有人類。負面思考是需要的，它提醒我們要做危機管理。而負面思考只是個開頭，不是以它結束。

有人天天、做什麼事情都高興，有幸福感，這不是因為他天生命好，好命和幸福感是平行的兩回事。

幸福感是感知能力。

對付腦的負面趨向本能，我們就讓腦做深層學習，建立、強化腦的感知幸福的神經元網路。神經元就像肌肉，越用會越壯碩。

高頻率＝幸福感

在生活中，當我們感到身心舒暢、安祥、喜悅，或者沒有什麼特別的事，但心中就是充滿「莫名」的感謝，以及對他人的關愛；即使是處於逆境的時候，仍然正向積極的對處，這都是精神在高頻率的狀況。

前章提到的德國理論生物物理學博士佛里茲・阿爾巴特・波普發現一切生物中的DNA內有的生物光子（Bio photon），具有波動頻率。他說：「生物光子就是意念。」

依馬克斯・普朗克的方程式E=hv，頻率越高，能量就越強。所以常看到神、佛、耶穌像的身體周圍有光環，有點誇張但不是迷信。用量子科學可以說明，那是意念處於高頻率。

著名的心理學家大衛・霍金斯（David Hawkins）研究做成的「人類意識圖表」列出人的十七種意念，各有不同的振動頻率，從一百到一千的能量級別。其實不用圖表，我們也幾乎都可以感覺到：

低頻率是：絕望、恐懼、自責、厭惡自己、不安等等。

高頻率是：希望、自信、喜悅、感謝、愛。

當然我們都希望經常處於高頻率狀況，但是實際上，一天能多少次有幸福感？逆境的時候還能處於正向思考嗎？

佛家和量子科學是一致的。科學家尼古拉・特斯拉說：「我們不是存在於物理宇宙中的物理實體，我們是存在於振動宇宙中的振動實體。」這不就是「色即是空、空即是色」。

並且佛家也認知念頭的力量「物從心轉」的宇宙法則。

瞭解腦是有負面傾向的結構，就知道如何控制腦。

瞭解萬物的結構是波長頻率，就駕馭自己的意念和感性。

正向思考是門技術——詮釋能力

想要天天好心情處於高頻率，但是哪來那麼多順心事？不順心占人生的七八成吧？控制腦和心會讓我們對逆境轉觀。這是一種「逆境能力」。

加強精神力的方法——「詮釋能力」

在社會競爭需要能力和體力，以及支撐整個平台的精神力。即使你不工作沒有競爭，但是精神力弱的人是連在路邊被狗吠，都會被擊沉，覺得整個世界在和你作對。所以問題不是在大小，而是在精神力強弱的相對性。

如何訓練精神力？

精神力是靠後天的深層學習。以筆者自身為例，我曾經做過社運，邀請過日本前首相來臺灣兩次。有一次在吃飯時，他笑著問我：「怎麼樣才能像妳這樣天不怕地不怕？」其實我的起點也是劣勢☺。我和外表不同，其實從小就是非常敏感、細膩、容易受傷，但麻煩的是，個性卻很頑皮、反骨又正義感強，再加上紫微的殺破狼、愛挑戰的命盤，所以精神上的磋磨很多。也因此很早就開始探索人生和生命的本質，廣至宇宙的法則。精神力實在是靠自己的探索和建設。

建議幾個加強精神力的方法，讓我們活得更快活，更亮晶晶。

「精神力強」一般是指對逆境堅毅不屈，頑強對抗。而有另一種能力是不對抗的，是對逆境的「詮釋能力」。

田坂広志是筆者尊敬的一位長者，無法只用一個頭銜侷限他，他是理工核能科學家，也是教育家、經營學顧問、心理學家，也擔任過首相輔佐官，並且我覺得他是已經開悟的哲學家。他的著作大多是人生啟發的暢銷書，其中一本《*Zero-point Field*》中說明「詮釋能力」。相信大家都有經驗過，同樣一件事，腦筋稍微轉一下、換個角度思考，就茅塞頓開，原本覺得不幸的事會變成幸，壞事變得也不太壞，甚至變成好事。心理學上說 reframe，這就是一種詮釋能力。

另外一種詮釋能力，是努力把好的一面放大。比如有一位男士碰上車禍斷了一條腿，他的太太衝進病房抱著他，高興地說：「你活

著！還有一條腿呢！」

最高階的詮釋能力，是去反噬問題！不但不躲避問題，反而積極的去烹煮它，提煉出養分。從逆境中找出可以學習茁壯自己的課題。這樣的話，在逆境中不必咬緊牙關、忍氣吞聲，那就不叫逆境了。比方，自己英文不好，偏偏被分派到與外商接洽的營業部門！自己不會做菜，公婆非要來家裡吃飯！自己口才不好卻被指派擔任發表會組長！

逆境大多是在提醒你自己的弱點，告訴你是要加強的時候了。

田坂広志並且說，無論發生什麼事，即使看起來是壞事，但是相信宇宙，一定是為了引導你往好的方向而有的事。只要你發覺從逆境中有需要學習的，也就是當你發現危機可以變成契機的時候，頓時你眼前逆境的光景就會改變。

他以自己的親身經歷為例。三十多年前，他罹患重病被宣告餘命不長，當時如晴天霹靂，自此他天天懵懵懂懂的活在恐懼裡。他的父母就送他到一所著名的禪寺去休養。有一天師父說要跟他見面，他原本非常期待師父會給他醍醐灌頂的意見，給他生機，沒想到聽完他哭訴他的絕境後，師父竟然只說：「是喔，命不長了喔！」他很錯愕。師父沉默了一陣子，突然說：「不過還有今天！到死為止還有今天！」他剛開始覺得是廢話，很失望。不過之後慢慢的反芻，他想到，確實在被宣告命不長之後，他根本沒有在過日子，天天只想著未來的不安和恐懼，突然，他開悟了，只要一天有命，就好好珍惜的過一天。他表示自己有今天的成功，就是因為一天一天珍惜的活過來。也是因為那場大病才得到的啟發。

建立腦內幸福網路的方法

明明知道要正向思考，但是為什麼很難實踐？如果只憑抽象的觀念，很容易輸給大腦原生的負面本能，所以要用具體的技術訓練腦正面思考，加強腦神經元（neuron）對幸福的感知能力，久而久之，就會形成一個習慣性的思考網路。

訓練腦對幸福感的感知能力的深層學習方法，筆者介紹幾位開悟達人，他們是在大千世界裡不靠宗教，而我認為是開悟了。

他們的一個共通點是，一片愛心希望大家能夠活得更好。他們的腦和心是這樣控制的：感謝的技術、取悅自己、活在當下（mindfulness）。這三者其實也是相通的。

一、「戴上感謝的眼鏡」——武田双雲

「要常懷感恩之心」，我想大家都聽膩了，但是真的有做到嗎？真的有由衷的感

謝嗎？只有碰到高興的事，或是當別人對你特別好的時候而已？有對最平凡的事也感謝嗎？比方心臟在跳，也感謝過它嗎？

我想讀者們大概都看過武田双雲的書法作品，像是NHK大河劇的片名《天地人》、超級電腦得到世界冠軍的《京》、世界文化遺產《平泉》等等，都是他的提字。他是目前日本最著名的書法家、現代藝術家，是個斜槓人。他是理工背景出身、熱愛科學，甚至成立了一個科學愛好俱樂部。他的另外一個專長是研究幸福。他著作許多啟發人生的暢銷書，如《正面思考的教科書》、《感謝的教科書》等等，我們來向他學習如何打造腦內的幸福網路。

在《正面思考的教科書》書中，首先他同樣引述，人類就是有累積了幾萬年的負面思考的習性，但是腦也是很好騙的，要靠技術。他舉一個例子，他的父母喜歡雨天（所以他的名字叫做双雲），他小時候只要一下雨，他父母就會高興地說「耶～～下雨了！」所以受到他的父母的影響，一下雨就連結到幸福感。

然而他長大後發現，電視節目的氣象報告是將下雨表達為：「天氣要轉壞」，雨天解釋為「壞天」。這讓他悟到，同樣一件事會因每個人的經驗或是受別人的影響，而決定是好是壞、是幸福還是煩惱。既然好、壞都是自己的主觀決定，那就一切都往好處聯想，不就很幸福嗎？並且任何芝麻小事也都積極連結成幸福、正面。

在武田双雲的《感謝的教科書》中，他研究了很久「感謝的機理」，因為他一直有個疑問：為什麼人人都在追求幸福，而為什麼大家卻不積極的去感謝呢？因為當你感謝，那就是幸福感最高峰的時候。而且每一個人身邊有這麼多感謝的材料。你只要真正感動、由衷的感謝，人就很幸福啊！

他發現人為什麼不積極感謝的原因，首先是如前述，基於生存自衛本能，腦會將負面因素擺在第一，其次才是安心感謝。第二，人們覺得平凡的小事都是理所當然的，所以無感。

武田双雲認為「感謝」有兩種，一種是「恩惠性的感謝」，當有高興的事或是有人對你好時的感謝。另一種是「普遍性的感謝」，這是對所有一切普通的事都很感謝。

真正的感謝，不是只動嘴皮子，而是有沒有來自心底？他說自己是連心臟在跳，他都會歡呼「耶！心臟，感謝你」，這並不是理所當然的啊！他提醒，感謝不需要條件，只要瞭解沒有一件被給予的是理所當然，一切都是奇蹟。

日文的感謝「ありがとう」あり是「有」的意思。武田双雲說一切的感謝，就從你目前所擁有的開始。

如果你不知道要感謝什麼，首先就對你的內臟感謝開始。它是你最忠誠的伙伴，晝夜不停的在替你工作，你有感謝過它嗎？

從這裡開始感謝的話，還要感謝你週邊的人、事、物，太多太多了。當你的感謝滿溢出來，這就是幸福感。他說這也是一種活在當下（mindfulness）。武田双雲經常在大場面和電視攝影機前，現場表演寫書法。他說要下筆的時候，他聚精會神把宇宙的力量集中在自己身上。他說：「要得到力量，不是臨時當下才集中精神，我去會場之前，和計程車司機聊天就聚精會神了。我平常做任何事都聚精會神。」他從早上刷牙開始就聚精會神；寫電子郵件時、要和人聯絡之前、心裡都先存感謝，全神貫注於每一個時刻，並對對方、對場所、他想到的都感謝。

他建議戴上「幸福的眼鏡」，就如同下雨天就直接連結到腦的幸福、高興感一樣。只要透過你的眼睛、透過你的腦、一切都是幸福正向。

他說感謝是不需要條件的。當你一有空就感謝，一想到就感謝。每天累積的次數多，會訓練腦神經元形成一個幸福感的回路。感謝不僅是自己處在幸福感的高頻率，也會帶動別人快活，因而得到更多友情、愛情、正向、進取。他說會感謝是一種能力，會感謝的人就是會成功的人。他說：「不是等待奇蹟出現，是從平凡中發現奇蹟。」

「我最會取悅我自己」——齊藤一人

齊藤一人是日本納稅額連續兩年最高的人，連續十年最高額前五名。他笑著說：「老天讓我富有，是因為這樣我講的話才有人聽。」事實上，大家愛聽他講話，是因為他風趣幽默，以平易近人的聊天法深談人生奧意、宇宙的法則。他和武田双雲一樣，竭誠致力希望大家都能夠活得幸福的大愛。

一般人有了錢，接下來就希望受人尊敬。比方著名的高僧仍喜歡大家對他畢恭畢敬的叩拜。有沒有「超越自己」是顯現出靈格的高低。我覺得真正開悟的人都不做假仙的人設，喜歡逗人開心。斎藤一人不但不裝聖人，而且有點吊郎當，並且常常拿自己開玩笑，故意破壞人設；像是他經常演講，但是他要求不要拍攝，所以在網路上搜尋不到他的臉孔，原因是，他玩笑地說「不然我去便利商店買黃色書會不方便」。

斎藤一人沒有宗教，他的開悟是從小病弱，而且只有中學的學歷，一步一腳印的過程，但可以讓人感到他廣大的愛心，超越自我，達到天人合一（oneness）境界的人。若懂日文的讀者可以看看他的YouTube。

他說他天天都開心，有人說那是因為他有錢，所以才天天開心；他回答：「相反，我窮的時候也天天開心，我是因為天天開心所以才有錢的。」

那他是如何可以天天開心？他是大老闆，但是他說：「我從來不需要人家取悅我，我最會取悅我自己。讓自己開心的事情太多了，我從早上一睜開眼睛就開心，因為死了眼睛就睜不開了！」

即使碰到負面的事情，他也會去找開心的材料。比方有一次他生病住院，許多護士進進出出圍繞着他，他說：「我就把它想像成是Cosplay，也只有住院時才會有的。」

齋藤一人認為開心是自己去感受，察覺，甚至創造出來的。這是我們要努力的地方。他也指出人是很容易被本能的負面思考牽著鼻走，但是人有舵，應該憑意志力將自己導向正面。快樂是靠意志力去主導大腦。有人會覺得，天天開心的人是腦袋空空，什麼都沒在想？他說相反，什麼都不做不想的人，才會一直是負面。

開心要從行動！首先是從語言。

齋藤一人的口頭禪是「哇！好幸運」。他說盡量用「天堂語言」——謝謝、太好了、真了不起、真舒服等等。比方當你覺得好吃就說出來。說出來，好吃就加倍。好事說出來，感受就會加倍。他認為人最大的貢獻就是開心，因為一個人開心，會傳染給周圍的人也一起開心。（前述科學家尼古拉特斯拉説，人是頻率的發射器，也是接收器）。

盡量笑。他說不是高興才要笑，是笑才會高興。臉的肌肉是自己可以控制吧，那就多笑。他說有人天天吃齋念佛，卻天天板著臭臉的話，就完全沒有修行的意義。開心才是開悟的最高修行。

察覺、享受當下

齊藤一人告訴我們：要去感知、察覺開心的材料，但是有那麼多嗎？

察覺（Mindfulness）是近年由哈佛大學研究所推薦的一種心智訓練的方法。許多企業也鼓勵員工在上班的休息時間坐禪、冥想、靜觀。這些可以增加工作效率，消除壓力，並且引發創造力。

Mindfulness其實在印度有六千年的歷史，也是佛家的冥想禪定，是將意識集中察覺、感知、享受當下。也翻譯成正念。

但是這種集中在當下的意識，不應該只侷限在有時間和空間，拘束的冥想打坐，應該融入生活中的時時刻刻：早上的陽光、拂面的清風、鳥啼聲、在公司打掃廁所的歐巴桑的微笑、同事的早安、家人健康的出門上班上學、巧遇超市牛肉的特價、路邊遇見一隻橘色貓咪，盡量將每一刻都活出最好。

疫情三年真的不是白過的。在人事物都被拘禁的環境下，大概很多人都因此朝內心發展。我也是在這三年內才認識正念。以前雖有此傾向，但是認識這個名詞之後，意識更容易聚焦。

疫情期間全球人處於不安和焦慮，但是也看到許多人性的光輝，大家也同時努力的對別人好。當時日本雙人音樂組合Yoasobi有一首歌「もう少しだけ」，再多一點點的意思。這提醒了我，可以對每一個人再好一點、更開發感知能力讓正念更微細，次數更多。之後我就在日常中實踐，比方在超市，店員把東西裝進袋子，在過去我只點個頭稍表謝意，但是現在再加聲謝謝和多一個微笑；這樣店員也綻放出笑容回我，彼此都很舒服。以前在車上讓位時，我只說聲「請」，但笑容可以更大一點來表示「非常樂意」，被讓位的老人家也更高興，周圍的氣氛感到更溫暖。鄰居一位太太長年來照顧流浪貓，出錢又出力。我心裡一直很敬佩她，但是不好意思當面稱讚；有一天趁機當面對她說了：「妳真了不起，風雨無阻」，她的眼眶泛紅了，她很希望受到鼓勵。

我發現過去忽略的，或是沒有特別表現出來的，只要再進一步表現出來：微笑時嘴再咧大一點、打招呼時聲音再高一點，就只是這樣再多一點點，感覺又進入了一個新的維度。

零極限

本章原本是要在這些結束，但是發生了一件事情，我想是不是上天提醒我，這一段也是重要的。

固然高頻率是舒服的狀態，但是不需要將高頻、低頻二分化為好、壞。低頻率也有應該來的時候。做一件有生產性的事，往往過程就是會有低頻率，不必排拒，接受它。對高頻率不需要執著。

有一個智慧「零極限（H'oponopono）」，這是我知道的一切中，最能夠從靈魂的核心改變的方法，也具邏輯，也讓你從高處俯覽問題和你的關係，從一個嶄新的智角去解決。

正當我高高興興的處在高頻率下，寫這一篇鼓勵讀者提升頻率、快樂正向的時候，自己卻遇上了非常低維度的事情。

人生總是會有禍從天降，自己規規矩矩地走，也會有人走歪路撞上來。三年前，我在一家新的出版社出了兩本禮儀書，但是他們二、三年來沒有給過我版稅報告，在一個巧合下，才知道他們謊報了首刷量一千本。這令我非常震驚，因為我向來和出版社是像家人般的信任，並且最錯愕和遺憾的是，寫書和我的其他工作不同，是極為單純的，而且身為文化業的人竟然做了偷竊的行為。接下來，最難受的是，要面對我最厭惡的——聽他們說謊：「公司換了新電腦，所以兩年前的紀錄都沒了！」窗口說契約不是他做的，但後來發現契約上是他的名字；他就改口說「我連昨天吃什麼和誰見面都不記得了」；被迫面對一連串的人性醜態，真的非常難受，頻率掉到很低的狀態。

我恢復心情是不難。他們補還了謊報的版稅，我也解約，脫離了一切不舒服的情況。但我仍耿耿於懷的是，難道我是唯一的受害者嗎？因為這次被發現是他們在LINE上說漏嘴，若是沒有那個巧合，我永遠不會知道真相。「被抓到就還版稅，沒被抓到就不還」，這是慣犯的法治觀念，那還有多少作者受害而不知道？我不能袖手旁觀，什麼都不做吧？這是一個社會責任啊！但又想到才剛脫離的噁心事，又要跳回那低頻率裡嗎？

就在這個時候，臺灣的Me too運動開始，許多勇敢的弟弟妹妹們站出來指責政黨內橫行很久的性騷擾。回顧難受的往事是非常苛酷的二次傷害，但是有他們的自我犧牲，站出來發聲，才得以嚇阻以後的犯罪。這是給我的啟示？既然上天讓我看到了，就有責任吧。（但是不知道該怎麼做，希望徵求智慧。）

市面上有許多心靈啟發的書，但是能夠實際幫助解決，並且從靈魂層次改變的，我認為是「H'oponopono」，中文譯為「零極限」。

這是夏威夷古老的療法，近年由休．藍博士（Dr. Hew len）宣揚到全世界。他的一個著名的治療實績是在夏威夷州立精神病罪犯醫院，他用這個方法治好了全部的患者而馳名。只默念四句話：「對不起，請寬恕我，我愛你，感謝你」。

和休．藍博士初學的時候一樣，我剛開始不相信，也對這四句話覺得很彆扭又莫名其妙，我沒做壞事，是對誰？為什麼要道歉？

這四句話是對誰說？是關鍵。（網路上的說明有點誤導，建議閱讀休．藍博士的書）所謂的「業障」，不是一般說的自己今世、前世造的業力，是指我們潛意識內的負面記憶。

每個人的潛意識裡有人類萬年來的記憶信息，包括自己的家族、代代祖輩，以及全人類的社會集體無意識（心理學家卡爾．榮格博士說的集體無意識〔Collective unconscious〕）。休．藍博士說明潛意識內的負面記憶，是沒有被照顧到、沒有被撫平的記憶（也如同心理學的「內在小孩（inner child）」），這會引發你眼前的現象和境遇，提醒這些負面記憶需要被愛、被撫平、淨化。那四句話可以淨化一個一個的負面記憶。（淨化和我們的「超度」意思類似吧）。

從這個角度就知道，一些問題雖然自己是當事人，但也不是當事人。這樣心理上就跟問題可以分割距離，客觀積極的處理，而靈魂不受其干擾，不必一起掉進低頻率了☺。

這不只是在風浪的時候，在日常也經常默唸，就可以不斷的清除，他稱作「cleaning」。因為我們不知道有什麼樣的負面記憶的信息在我們裡面。負面記憶會遮蔽我們人原本有的神性和原本接收得到的智慧。清除負面記憶，就會如般若心經說的，從「無明」變成「無無明」。筆者發現它的論述其實就是更邏輯、更口語化的般若心經。

即使你不相信、也不期待什麼效果，但是經常默念這四句話（他說光是「我愛你，謝謝你」也可以）。這就如同斎藤一人說的「天堂語言」，也會強化腦內的幸福網路。

超然的「外觀」

誠實的內觀後，發現自己和對方都有錯，但又非得待在那個環境裡……這就是所謂的逆境，也是精神毒素的來源。應該客觀的分析外在逆境和自己的關係，以「超然的外觀」悟出如何從逆境中榨出營養來。

前面已述，老天給每個人一樣的基礎條件，50％順，50％不順。順水而游時，輕鬆愉快；逆水而游時，比順水要耗上幾倍的時間、精力。但是，人的肌肉是靠阻力成長的。逆游時鍛鍊出來的肌肉，使你下一次順游時更有效率。所以「經歷逆境」是好，還是不好呢？

精神壓力（Stress）是現代人最大的毒素。由於精神失調導致身體機能衰病，癌症的元凶常常是精神壓力。不過它毒不毒，全在你的一念之間。這一念也是你的想法能不能昇華的分水嶺，昇華則能讓垃圾轉為能源。

「垃圾能夠成為能源？」太好了！

但是，若是你期待我告訴你方法，你就永遠無法昇華。因為得到答案，不是目的；去思考找尋自己的方法，這才是目的。

每個人的人生不同，方法也不同，但有一個共通的方法：「正面思考」——客觀的分析，超然地外觀自己的所謂「逆境」，是不是自己的弱點正在被考驗？像是：

自己的英文不好，偏偏被分派到與外商接洽的營業部門！

自己不會做菜，偏偏公、婆非要在家吃飯！

自己口才不好，偏偏被指派作發表會組長！

其實你的不安透露出你的「沒信心」，你的障礙告訴你有「自卑」。這些負面的感情，其實都是在提醒你的警鈴。想想看，人在順境時自由自在，沒有人會故意去碰自己不拿手的事，這樣的話，人如何成長呢？

人生沒有重考題，征服了一個問題後，以後再出現同樣的狀況時，已經得心應手，不再是問題了。如此，人會愈活愈輕鬆，路會愈走愈寬闊。

負面情緒所產生的精神毒素，不但影響腦下垂體，使身體機能衰退外，還是提升自己的極大障礙。能夠提升自己的女人都是從零開始，有健康、平衡的心態，方能不卑不亢地學習。

活在這大千世界，人有七情六慾是正常的。平常培養思索能力，才能夠消化吸收負面情緒，幫助精神回到正軌。

真理沒有變，五年前建議的一些超越宗教，可以幫你回到正軌的好書沒變，只加了一本改變了我的人生的休·藍博士的「零極限」相關一切著作。

其他如：

■《波長使生活更美好》，船井幸雄著。

■《*Bashar*》（由地球外界傳來的信息）。它的真髓和《心經》的真髓竟然是一致的。

■《腦內革命》，春山茂雄著。它超越醫學，所闡述的和《心經》也一致，很有趣。

■《與神對話》，Neale Donald Walsch 著。

■《超宇宙意識》，愛德加·凱西（Edgar Cayce）著。

■《統合心理學》，肯恩·威爾伯（Ken Wilber）著。

14 Chapter

慢活，做自己時間的設計師

擁有人生目標，瞭解幸福原點的人，才知道何時該衝，何事該放慢腳步。餘裕是要刻意製造出來的。這就是優雅氣質的來源。享受「過程」也是目的。

花的時間和收穫成正比——沒有捷徑的事

「我沒時間」，不這麼說會被誤會是閒人。時間表，從早到晚、週一到週日塞得滿滿，寧願盲動像個無頭蒼蠅，也不容空檔？

一切追求時間的CP值、快節奏，甚至看網路電影也以倍速加快看。買菜？做飯？又不是沒有錢，每餐在外頭吃，又快又方便。只求省時、省力、一切快就好？這樣恐怕也老得快、頭腦衰退得快。

德國文學家麥克安迪（Michael Ende）的大作《*Momo*》，是給迷幻在「時間的詛咒」的人最好的教材。

它以童話的方式，描述一群「時間的小偷」來到一個村莊，偷取大家的時間，誘騙大家成為時間的奴隸，灌輸大家「時間唯一的對等價值是金錢」，沒有金錢回報的時間用法都是浪費，比方和家人一起慢慢聚餐、和朋友散步、在公園賞花……等。全村的人著魔了！時間只花在可以換得金錢的工作上，忘了人活著是為什麼，忘了幸福快樂的本質是什麼。只有小女孩Momo不上當，她依然過她的日子，願意花長時間靜靜聆聽大家心中的苦悶，而成為全村人的精神支柱，最後她替大家奪回了時間的故事。

不思考，不感受人生的愛和美，會讓靈魂退化，也是和真正的幸福背道而馳。懂得該對什麼放慢腳步的人，是懂幸福原點的人。

科技時代，生活、工作的步調再快，改變不了的是大自然的節奏。最貼切的例子是：皮膚細胞的再生一定要二十八天，即使用再好、再貴的化妝品怎麼催，也無法改變自然的週期。（不要上化妝品廣告的當）。

其實原始人和現代人所需要的，並沒有相差太多。我們有時會被時代的激浪衝昏頭，但是定神想想：忙碌奔波的目的是什麼？幸福是什麼？

比方「沒時間做飯」，那時間用於何處？

廚房是體內健康細胞形成的基地，自己吃的東西自己掌握流程最安心。至於花不花這個時間，並不是有沒有時間，而在於你覺得值不值得的價值觀上。

近年來，特別是在先進國家，「慢活」成為生活的趨勢。所謂慢活不是像烏龜般慢吞吞地活，而是慢慢咀嚼生活中的一些重要時刻，細細品味其中蘊藏的意義。目的是「感受」。感受愈多，人生就愈豐裕。

雕塑家羅丹（Rodin）說：「美到處都有，只缺乏你的眼睛去發現。」

慢食：「速食臉」看得出來的喔

和高科技IT的興起幾乎在同一個時期，一九八六年在羅馬掀起了一個「Slow food（慢食）」運動。它是「fast food（速食）」的相反詞。因為當時在古都羅馬不斷出現速食店：統一性的味道、重口味、不花時間做、不用細嚼慢嚥、不必管餐桌禮儀地吞食。羅馬市民於是提倡傳統的料理及做法，使用地方的新鮮食材，確保食材的安全性，重新振興一個國家重要的食的文化。之後這運動普及全世界。

在日本，「食育」的意識也成為生活文化的重點。食育即「食的教育」，教人理解：食物從哪裡來？如何形成？如何成長？如何吃才美味？再加上餐桌禮儀的知識。西方的「慢食」和東方「食育」本質是一樣的，即如何在速食文化跋扈的時代中，重新思考人與食物的關係。

「食育」是一堂孩子們在學校的課程，自己種的菜在學校的營養午餐吃。常吃速食的孩子對自己吃的食物毫無認知，竟有孩子以為漢堡、熱狗是從田裡長出來的！

根據調查，原本偏食的孩子實際到田野栽培自己最討厭的青椒、菠菜之後，竟然都開始吃了，而且對它們的苦味都不介意了。

人的味蕾成長到十二歲，因此從小只吃速食、便利商店統一性的味道長大的小孩，味覺會鈍感。

臺灣的一個社會危機是：滿街都是便當店，家庭主婦也吃便當。全世界餐廳裡小孩子最多的是臺灣。有一個社會學研究的統計顯示，犯罪的青少年大約九成都是家裡媽媽不開伙。東京都有一區的犯罪率很高，根據家庭訪問調查，七成家裡的廚房內竟然沒有切菜的砧板，只用剪刀。意思是，只吃冷凍食品或是蒸煮袋的東西。家庭餐桌上溫暖的時間流逝，是穩定個人和社會何其重要的角色。

慢學：文化、教養要花時間下載到體內

下載一個資訊，等個五秒鐘就不耐煩了吧？

我們習慣了光速的資訊傳遞，現在願意坐著聽完一個鐘頭的交響樂，看完兩個半鐘頭的電影，看完一本厚書的人有多少？

要瞭解，「資訊」和「教養」完全是兩回事：資訊就像速食迅速下載、過目完了。而文化教養要融入自己的細胞就像慢食，需要細嚼慢嚥，才會消化吸收，成為自己的一部分。

每個人同樣一天二十四小時，而你肯花多少時間在文化教養上？你時間花多久，它就深入你細胞多深。

一個人的文化教養，如音樂、藝術、電影、書籍的知性、感性的開發，不像在學校有老師盯著你上進，也沒有考試來測量你的水平高低。文化教養沒有速成班，一切要靠時間慢慢下載。這絕對是在真名媛的生活清單上。

音樂

欣賞一曲交響樂需要一個鐘頭，一齣歌劇需要兩個鐘頭，古典音樂需要那麼長的時間，當然有它的理由。一個交響樂團有一百多人、三十多種樂器，敘述的內容

雄厚，要表達得淋漓盡致，自然需要時間。古典音樂藝術可以流傳三、四百年，仍然被世界各民族所愛，理由在於它扣入人心的本質。

雄厚內容的藝術就像慢食，需要慢慢咀嚼。要將一個不朽的名作吸收到自己的細胞內，沒有捷徑：花多少時間，你的細胞就和音樂共振多久。

電影

我個人認為把電影歸列於和遊戲、電玩、馬戲特技同等為「娛樂」，似乎有點不敬，因為電影是一門綜合藝術，和琴棋書畫同等於人必需的文化教養。碰到一部好電影會如同遇到一位人生的導師。

半世紀前的電影仍膾炙人口，一句電影的台詞可流傳千古。比如「亂世佳人」的主人翁郝思嘉在窮途末路時，抓起一把地面的焦土，向天大喊：「我一定要活下去！」隨之那動人的主題音樂響起……，多少人為這個鏡頭振奮鼓舞。另外一部電影，只要一想起那一幕，眼眶就會紅的是「心靈捕手」的高潮，雖然是高潮但只有一句話——「那不是你的錯。」羅賓．威廉斯對麥特．戴蒙不斷地重覆說。當數學天才戴蒙從心底的黑暗深淵得到解脫時，表情的變化不是原著文字可以表達的。我們每個人一生能夠體驗的有限，透過書和電影可以瞭解更多不同人的感受，擴充我們的容量。

電影也是個「花多少時間就有多少回報」的例子。

疫情期間在家裡看了不少電影，但是我發現，再好的電影如果我小氣時間，也可以說是貪心想要「一個時間兩用」，邊看電影邊做其他事，只看大概的故事和高潮。而看完後就跟沒看一樣，覺得空蕩蕩，什麼都沒留在心底，反而浪費了時間。

看電影也沒有捷徑。電影是鉅資和人海作業的結晶，幾乎每一個鏡頭都內藏高密度的信息。所以不看每一個細節的推波助瀾，就對高潮也不會有感動。

電影也是一個很好的社交話題。聽過不少戀情是從談論電影開始的。當兩人同樣對某部電影中的某一鏡頭或某一句台詞特別印象深刻，代表他們的感性很接近，因而迸出火花。多看一部電影就多一個機會哦☺。

書

如果問我，有沒有「東西」可以讓人美？

我會說：「書」。看不看書的人從眼神可以看出來。

在吵雜的車廂或是候機室內，看到有人專心在看書，會被這個光景吸引住，覺得美如一幅畫。我也常想為什麼人在看書時很美……？

從腦科學對「看書」的剖析，我得到答案：「人在看書的時候是腦的廣域性活動。是在做語言訊息的處理和透過文字做想像，以及前頭額在做記憶加工和思

考。」是腦負荷值很高的行為，所以必是全神貫注、心無雜念，進入一種心流狀態（Flom）。看書是思維的升維，當意識升維時，體內生物光子是高頻率，頻率敏感的人可以感知到這股精神的高能量而被吸引。

經常做「非雜念的深沉思考」的人，從有深度、沉穩的眼神看得出。

現在是資訊氾濫的時代，然而資訊只是個原料，要經思考方能提煉成為知識，知識要再經過自己的哲學、感性的昇華，方能成為智慧。書，就是各種人的智慧碩果。所以有人說「讀書就像似人生抄近路」。

藝術

你這個月花了多少時間去美術館？去音樂廳？在這充滿藝術的「美的波長」空間內，享受著時間的流逝，你花多少時間浸身在這裡和藝術對話，「美的波長」就滲透入你的靈魂多深。

新聞

即使你不食人間煙火，也要懂時事新聞。這近乎是個義務，也是對社會、對世界自然的關愛。

學校畢業後就沒有老師、沒有考試逼你充實上進，而其實人的知性發展是學校畢業之後才開始。筆者常說：「學校的目的只是讓你知道你不知道什麼。」

學校只是知性的起點，新聞是讓你發展全方位知性的起點。我鼓勵大家多學外語，因為多一個觸角就多一種資訊來源，多一種角度看世界。測驗一下自己，世界的政治、經濟、科學、體育……，每一條新聞內容，你理解多少？這反應出你擁有多少的知識背景。掌握世界新聞知識是社會人的一個水平標竿。

在宴會上，最好的社交話題也是時事。比方：面對一位你不想來往，但又必須應付的人，就談時事；可以不觸及私事，在保持距離下，平行的一直談下去。而若是面對想來往的人，也以新聞時事做開場白最自然；不談硬邦邦的政治、經濟，像是：「聽說今年的薄酒萊（Beaujolais）的新酒特別好，是為什麼？」、接下來就私人一點：「你也喜歡紅酒嗎？」……這樣就自然不做作的開始一個關係了。

你看什麼電視節目？報紙看哪一欄？只追劇嗎？這就是為什麼我們同在一個星球上，而人會有質素高低之別。

慢活：享受過程也是目的

幸福是在於你的感知能力。

每個人都在尋找幸福，這是終極的答案。

人生有兩種大成就。一是物質物理上的成就，即財、名方面。二是精神上的成就，能夠從每天平凡的小事都收穫幸福，這個感知能力也是人生的一大成就。因為沒有人天生就會，必是經過歷練才能得到的境界。即使有財有名也是需要感知能力，才會有幸福感。

慢活不是懶散鬆散的活，是將我們的意識也放進我們過去以為是理所當然、而忽略過的「沒什麼的小事」上。

我們往往只將意識灌注在目的上，目的是唯一的目的，而忽略了在每一個過程的當下，也都能夠細膩的享受，全程不是會更豐盈？

從「沒什麼的小事」裡頭也可以發現力量和幸福的話，那你擁有太多了。

緩慢旅行（Slow travel）

旅行是典型的例子。

初級者的旅行是在觀光「點」，高手則是貫連點和點的「線」。「點」愈多愈好？五天走五個國家，真夠本？

有一次在義大利西西里島的一個小飛機場，遇到一隊臺灣的旅行團，我很訝異會在這天涯海角碰到臺灣人，我一個人在候機閒著就上前和幾位太太搭話，問她們此行到了什麼國家？她們七嘴八舌地討論起來，結果六天內趕了幾個城市、幾個國家都記不起來了。

觀光景點固然是目的之一，但是到達目的地之前的過程經流，也都幫助你更深層瞭解一個國家。

你知道也有「不觀光的旅行」嗎？

比方，懂得旅行精髓的人一定坐火車旅遊（特別是在歐洲）。即使我僅有五天，也會花一天坐長途火車。這就是典型的「過程都是目的」。從自己排隊買車票就可以瞭解此國的國民性，比方義大利的售票員，火車已經要開了，他還在和同事聊天；在車廂內和其他觀光客聊聊天，還可得到許多旅遊資訊。一個難忘的火車之旅是從倫敦北上愛丁堡，當火車劃過原野時，原本在軌道旁邊吃草的一大群兔子，當火車接近時可以看到成千上萬隻的兔子飛奔逃離；並且一路上都是這樣像童話故事的動畫。這在觀光指南上是看不到的。火車愈往北走，因寒冷，樹就愈來愈小，最後只剩下一片苔原，可以實際感受到地球的氣候生態……這都不是坐飛機可以獲得的。

在一個飯局上，詹宏志先生談論他的旅遊令我大開眼界，我前面提到初級旅遊是「點」，高手旅遊是「線」，而詹先生是更高階的「面」的旅行。而且這個「面」不是像美國克羅拉多大峽谷般有吸睛又刺激的景緻，而是什麼東西都沒有的面。非洲納米比亞（Namibia）是世界最古的沙漠。去一個什麼都沒有的地方，有什麼可以說的呢？他看到的是天、地、人的互動。

那是一面乾旱全無生機的沙漠黃砂，但是只要下一場雨，黃色沙漠看著看著就漸漸變成綠油油的草原。這是大地枯萎的小草立即復生的現象。他說：「對於生命，沙漠的居民都像似哲學家。他們說：『當天空有雲朵形成，若它凝結足夠的水分，下了雨，我們萬物就活；如果它凝結不成，雲散了，雨下不成，我們就死。很簡單。』」也就是大自然的「偶然」決定一切。我們人類的存在，人生的機緣也不就是如此？

去到一個什麼都沒有的地方，看到的就是自己。

人生就像旅行，目的不是唯一的目的，過程經驗也是目的。

我常告訴晚輩們，不要怕繞遠路。繞遠路所看到、體驗到，摔跤、受傷的過程，都是你人生珍貴的財產。

緩聊（Slow chat）

高質感的聊天是一個支撐人生基本功能的力量。

這不是用省時省事的LINE群組或是文字交流可以打發的。一對一、面對面，才可以深入自己、深入對方。潛入內心愈深，得到的精神力量的回報愈多。

和一位有智慧又可信任的朋友見面深聊，比方自己最近的感想、計劃、決策、磨擦和喜怒哀樂的事。當人要表達時，需要在腦內整理內容，在這整理思考的過程中，往往就能夠變得客觀的看自己，會因看見自己的位置，而得到答案。因此一個深入靈魂的對話後會覺得淋漓盡致，從心底湧出力量，積極快樂的迎接明天。

「對話」的英文Dialog，是始自古希臘蘇格拉底提倡以對話的方法，解決對立

的意見。之後德國思想家黑格爾延用其意，形成 Dialectic（辯證法），尋求兩個矛盾之間深藏的真理。所以和人對話，除了有共鳴的溫暖，得到反餽和建議，也不迴避不同的見解，如此正面的切磋琢磨，才可以讓彼此的思維升級。這一點我感覺是現在許多人缺失的。

用 LINE 文字對話是一個方便的交流，但是不能替代面對面談話和見面的深度交流。因為人的表達透過文字語言只佔百分之三十，其他是靠表情、聲調、手勢等。所以意見不同的辯論，光靠文字容易產生衝突，並且面對面也是一種磁場的交流。

15
Chapter

名媛的格局——有單獨行動的膽識和深度

名媛最小的單位是1，最大的單位也是1。不需要結群壯膽。
天下無阻的單獨行動是知性、感性成熟的證書。

一個人，但是卻覺得很熱鬧？恭喜你了

你會這樣嗎？

一旦落單，整個活動方圓就縮小了，不知如何是好。

在外頭吃飯只吃速食，不敢一個人上餐廳獨坐獨享，怕周圍的人會覺得我好怪。即使一個人吃飯也會在意周遭的眼神，就裝作看書或滑手機。

購物、看電影，去畫展一定要有伴。當然更不敢一個人旅行。

不知道怎麼打發獨處的時間……

人出生是一個人，死去時也是一個人，生、死之路都沒有人陪。**人的單位是一，有伴侶不會變成二，沒有伴侶也不是二分之一**。

有人說過：能獨處快樂的人，她（他）的婚姻也會很幸福。也就是說，不是因為自己缺乏什麼才要結婚，而是自己的「果實成熟了」，才要和人分享。**兩人持久的關係，要從快樂的「一個人」開始**。

不是因為沒有朋友，不是因為個性孤僻，獨處並不是自我封閉，厭惡社交。獨處是為了「闊大內心的自由」和與自己的深層對話。這是提高精神維度唯一的方法。

無法獨處的原因：

一、不敢面對自己。不少人寧願庸俗低劣的社交也不願獨處，因為每個人對於自己的過去難免有後悔，對未來有不安。和朋友在一起或是繁忙時，可以暫時避開不想；但一個人獨處就必須和自己全面對話，大多人承受不了。然而把頭埋在沙裡永不會解脫。**客觀的分析自己，全面接受，人生才能真正開始。這也只有獨處時才能做的到**。

二、內心空虛、匱乏。不懂得感覺的能力和升維思考的樂趣。年輕時我對「獨處」也是負面的看法，認為就是：孤單，無聊……一個轉變是大學時買了車子開始。一個人開車兜風、聽音樂，頭一次享受到獨處的愉快。相信讀者們也一樣，在投入自己的嗜好時，有、無伴並不重要，alone不等於lonely，單獨不等於孤單。興趣、感性的開發充實了獨處的時間。

不過這還算初級的獨處工夫。獨處最高段的是：「不面對嗜好，只面對自己」。這個功課遲早要做的，要自己做，並且愈早做就有愈長的快樂人生。能夠和自己對話，才能和自己當最好的朋友。

靈魂暢通無阻的護照

一個人，但是覺得很熱鬧？是因為你的知性和感性都在跳躍著，忙著處理信息。「一個人玩」和「有伴一起玩」是兩種不同的愉悅，不是要捨取哪一個。有沒有能力自得其樂？一個人仍可以通行無阻愛去哪就去哪，這是智慧新女性的通行護照。

你一個人能活動的範圍有多寬？僅止於看電影？逛美術館？

一個人能夠從容的享受以下這些場合，就證明你是成熟、有智慧的新女性。

真名媛不需要人多壯膽！

你敢一個人在正規的餐廳吃飯？

一個人吃飯時不以速食餬口，到正規的餐廳泰然自若又優雅地用餐。不用假裝看書、滑手機逃避周圍好奇的眼光。其實是羨慕的眼光……

有機會去歐、美洲的話，即使一個人也去星級餐廳。不光是享受美味，餐廳內的裝潢、氣氛、名餐具，工作人員的專業態度，酒侍的知識……這些都只有在當地才能享受得到。（先要修得餐桌禮儀哦）。

不要因為是一個人獨行而縮小了行動範圍。

筆者經常一個人去歐洲各國的星級餐廳。隔壁桌的夫婦、情侶確實會好奇地看我，我也回以微笑或是聊起天來，不少次因而成了朋友；並且是在自己的交遊圈碰不到的人，比如愛爾蘭人科學家夫婦談他的新研究、俄國的類似像寡頭（Oligarchy）和他的小三的祕密之旅等等有趣的經驗。

你敢一人赴宴會？

最理想的是，一個人去，一個人以上出來。

一個人單槍匹馬赴宴，剛開始在陌生人群中的確會不自在，但如果從頭到尾都是一個人的話，就沒有參加的意義了。先拿杯飲料喝定下心情或是去取菜，接下來一邊享用，一邊看看身邊有無適合交談的人。不分男、女、老、少只要有一個人聊天，會馬上覺得融入了宴會，就自在許多。對方若有朋友在場，圈子便會倍數的擴大，話題也隨之更廣，這就是宴會交流的愉悅。

你敢一人獨坐壽司吧？

女性一個人可以獨坐在壽司吧台，自在的享受美食，這是十足現代新女性的象徵：不顧慮有沒有伴、不顧慮荷包，懂得壽司的點法，這都顯示女性的經濟獨立、精神獨立、和有足夠的知識和品味（壽司的點法、吃法是一門文化。請參閱筆者的《品味的法則．餐桌禮儀 x 日本料理篇》）。若能再加上優雅的用餐禮儀，那就更美得像一幅畫。

你會飯店內一人遊？

隨著女性經濟能力的提高，工作內容和男性已經沒有差別，一樣有工作壓力、疲勞，女性也需要紓解身心。各業界也陸續開發出專攻「女性一個人」的市場商品。日本各大飯店都會推出女性專用的美顏美身和美食的住宿包套，方便職場女性在百忙中抽空享受女人的天堂。

一個女人 check in 飯店時更要注意自己的外觀。因為一個人行動比兩個人一起時吸引周圍的目光。不過這些好奇的目光，就是在磨亮你成為「經得起細看」的驅動力。

也不一定要住宿，當你想換個思考角度、變換一下日常空間以得到新靈感時，像在高聳的飯店頂樓，幽靜咖啡廳的窗邊居高臨下的看世界，腦筋也會隨之豁然而開。高級飯店內的咖啡廳雖比一般消費高，但是換得清靜高雅的空間是值得的。一杯茶，一塊蛋糕，在這雲端上一個人可以做的事可多呢，或只看窗外，思考或放空，這是接收宇宙睿智的時刻。

你敢、你會、一個人國外旅遊？

既然生在這星球，何不多看、多瞭解它呢？

會怕？其實大多怕的原因，是語言的障礙和對不同的人種存有戒心。

首先，其實只要懂初級英語就足夠去乘車、觀光、點菜、購物。英語不通的國家只需稍微學幾句就可以應付。地球上有數不清的人種膚色，透過實際的接觸，你會發現人性的本質都一樣，只是穿的「外衣」不同而已。這會開闊我們的包容心，達到無邊的世界觀。旅行是為了體驗地球，豐富人生，你認為的「障礙」，都是旅途中的收穫。

一個人旅行百分之百是自己的時間，也是百分之百是自己的責任。多一分麻煩，多十分的回憶，這都是你的無形資產。趁年輕，盡量擴張你的USB記憶容量，活化你的CPU資訊處理能力。

筆者出國旅遊大多是一個人，僅有一次和朋友一起旅行的經驗，是一個很好的比較。

我和一位日本的好友第一次一起出國。在前往機場的巴士上有個伴的確不無聊，但是我發現和一個人旅行不同：在過去，我一搭上往機場的巴士，腦裡就「已經出國了」，不斷想像著要前往的國家的情景。而這一次和朋友一起，卻不太有要前往未知世界的興奮。

到了第一次去的義大利西西里島，又聽說這裡是黑手黨的大本營☺，照理心情上應該有刺激緊張感，但是我們一起吃飯、逛街、上美術館，交談的內容感覺上就是和平常在日本沒有兩樣。結果當我回憶起來這趟旅行的印象，竟比我獨自旅行模糊稀薄許多。

與朋友共遊和單獨旅行最大的不同是：一個人旅行的時候對外界的注意力是百分之百敏銳，連路邊的一草一花都記得。而和朋友在一起時，這些細小的情景都忽略掉了。

一個人去美術館可以百分之百融入藝術內，只和藝術品對話。而有朋友同在，就不好意思不理她，總是會因顧慮朋友而分心，無法融入畫作裡、進入忘我的境界。

不少人說：「我沒有時間自己企劃旅行，只要跟著旅行團走多方便。」每個人旅行的目的不同，有的人只要蜻蜓點水，走馬看花就好；而若是想深入探索人文，則須自己規劃，即所謂自助旅行。而且在企劃的過程，你的旅行已經上路了：要決定住哪一家飯店，首先要看它的地點方不方便，你就會去探查這個城市村鎮的地圖、交通、觀光點。等你實際到達當地，你已經掌握了知識和地理，就會馬上融入當地。自己企劃的旅行所能接觸到的人、事、物的密度更豐富，遠超過團體旅遊。

就在寫這一篇的時候正逢Chat GPT為熱門話題。有朋友要Chat GPT做個日本和倫敦的旅行企劃，結果Chat GPT又是「一本正經胡說八道」：遊富士山和遊淺草寺都一樣花半天的時間；遊大英博物館和倫敦橋也一樣半天時間；也就是，全部都一樣只是個觀光點，沒有深度之分。AI不會超過人類的是，它無法用人文感性做判斷。多多錘煉我們人類僅剩下的最後利器吧☺。

Part 5

凜然麗挺於國際舞台

真名媛擁有無邊界的世界觀。
平日培養出的一流舉止，吸收的國際文化、知識，
使你麗挺在國際舞台上。

16 Chapter

成為高級飯店、日式旅館的一流女客

空氣、空間塑造出真名媛。

出國旅遊是磨亮自己的機會

你會這樣嗎？

出國旅遊要提行李又要東奔西走，就隨便穿，只穿耐走耐髒的衣和鞋。反正在國外，又不認識人，做什麼都不怕外國人笑話。

飯店只是睡覺的地方，所以愈廉價愈好，省下錢來買名牌包。錢要花在別人看得到的東西上。

亮麗、洗練的外表不是靠背著名牌皮包可以裝出來的，是看你在高質感的空間裡，吸進去多少「有氣質的空氣」，所薰陶出來的。在國外更是做「深呼吸」的好機會。

出國旅遊時盡量下榻好飯店及造訪文化殿堂。錢花在空氣、空間上。

做個高級飯店的一流客人

不少人認為飯店只是個閉上眼睛睡覺的地方，哪兒都一樣，就節省住廉價一點的吧。學生、年輕人趁有體力時是應如此，把錢花在旅行的範圍和次數上，盡量放眼看世界。但是有了經濟能力後就從背包客畢業吧。因為飯店、旅館也是一個文化、一個磨亮自己洗練度的空間。

飯店是養精蓄銳的基地，不要小看它的功能。晚上回到什麼樣的房間安眠、早晨一睜開眼睛看什麼樣的風景、下榻飯店服務品質的好壞，會讓你整個旅途的印象不同。並且飯店也是培養氣質的好地方。在美麗豪華的建築內，川流著高雅儀態的紳士淑女，會驅動你提高自己舉止格調的上進心。

成為飯店一流的客人，不在於你的信用卡是金色、黑色，而在於你的儀態。擁有一流舉止的客人，飯店必會回報一流的服務。因為擁有高雅的客人出入是飯店高級氣氛的來源，也是飯店的形象。

如果參加團體旅遊，在國外一切的對外部接觸都是由導遊處理。但是這種旅遊有點像似「躲在玻璃瓶內看世界」，無風無浪無觸感，也當然談不上藉此琢磨自己的國際名媛的儀態了。

真名媛是即便在國外，也可以從容優雅的獨當一面。任何國家是從出關，出機場，抵達飯店，進入房間……一切的流程，再加上飯店內的規矩禮儀，都是萬國共通的。**以高雅的儀態下榻飯店，是淑女必須具備的國際教養。**

抵達飯店後的流程

出了機場，搭乘機場巴士或是飯店的接機車、又或是搭計程車，抵達了飯店門口，自己只要優雅地拿著貼身的小包，其他一切行李由飯店服務人員（bell boy）拿，這是他的工作。進廳時door man替你開門，微笑說聲謝謝，就直向櫃台check in。填表，確認進出日期及房價，並確認床形、有景無景。拿了鑰匙之後，交給提行李的bell boy請他帶路。

進房後，他將大行李放在行李台上和說明飯店內各設備用法時，要注意的是逃生門的位置。若對房間不滿意，就當場打電話去櫃台；若有空房間會立刻替你移動行李。將預先準備好的小費給他，兩～三個行李大約是三～五美金。並且別忘說聲謝謝。

打開行李將摺縐的衣服請飯店服務員拿去燙平，或是擦皮鞋等。凡是來房間的服務員小費約一美元。

旅行達人不會累的方法是：懂得如何安頓自己的心情。帶著平常用慣的貼身物，比方在家裡穿習慣的拖鞋、盥洗用具、家居服；也有人帶著平常用的香精油，使房內有家裡的香味。這種如同在家的安心感，會使在國外的緊張疲憊鬆懈許多，這也是讓自己「四海為家」的祕訣。

飯店內一流的舉止

服裝

優雅淑女不會將「打扮」當成苦差事，反而積極用它為磨亮自己的好機會，即使在不認識人的國外。但不是花枝招展就好，在市區飯店或是渡假村的衣著，要注意的是TPO（Place, Time, Occasion）之別。

我發現在辦理飯店check in手續時，愈是旅行高手穿戴愈整齊；而不慣旅行的人反而穿著邋遢。分析心態，可能是因為不常旅行的人較懷緊張壓力，所以要以輕鬆的衣、鞋來放鬆自己；反而習慣旅行的人較有餘裕的心去打扮整齊。但是實際上，穿戴整齊坐長途飛機並不會比邋遢隨便來得拘束。比方一件較寬鬆、有伸縮性、高雅的連衣裙，會比緊包的牛仔褲舒服多了。

也要考慮到下了飛機是直接進飯店，大廳是飯店的門面，自己邋遢的衣著是否會影響飯店的高雅氣氛。

另外在飯店內要注意衣著的是在主餐廳。無論在市區飯店或是海濱渡假村，晚上在主餐廳用餐一定要著正裝，因為對大家而言，這裡是一天落幕的最高潮。貢獻高雅的氣氛就靠每位淑女的競豔。

走廊、電梯都是公共場所，絕不穿室內拖鞋、浴衣出入。去游泳池時也要罩件外衣。

所謂整齊「正裝」不是指價格，而是形式。再昂貴的名牌運動鞋、T恤只能穿在戶外。

旅行時的正裝，不是指硬挺的工作正裝，只要帶件洋裝或是較華麗的上衣，再加個首飾即可。

打招呼

東方人比較沒有對陌生人微笑的習慣，不過在國外的飯店內，特別是在狹窄的空間，如走廊、電梯內相遇，要和其他房客打招呼、微笑一下或說聲「嗨」。這是顯示友好「雙方無須戒備」之意。不打招呼的人是土包子哦。

在任何國家，有三句英語是基本：早晨一進電梯，不要陰沉地低著頭，開朗地說聲「Good morning」；和旁人擦身而過時說「Excuse me」；有人替你按住門時說「Thank you」。

這幾句話要做到：不必想，就反射性地說出口，這是國際水準的名媛。

使用各設施的禮儀風度

飯店的大廳是各種人出入繁雜的公共場所，在飯店大廳有一個共同的「暗示暗語」，在此補妝、梳頭、照鏡子的女人是在「招攬生意」。這些行為只在化妝室內，絕不在大庭廣眾之下。也別在此對其他人品頭論足，指指點點。此外，大廳是等人之處，也不宜和朋友在此長坐占據座位太久。

在電梯內，若站的位置靠近門就替別人服務，大方地問在內側的人去幾樓；有人出入電梯時幫忙按住開門鍵，自己則最後出電梯；我看過世界愈是尊貴身分的人，反而都更搶先替人著想。先說「請」的人是勝人一籌。

健身房不是孩子的遊樂場，是為了紓解一天的精神、肉體疲勞的調養道場，要保持安靜。用完器材要擦掉自己的汗滴。不要占據某個器材太久，互相禮讓。游泳時一定要戴泳帽、在歐洲國家即使只泡溫泉也要戴浴帽。在專心運動時也要能夠顧及風度。

房間內的使用方法更看得出有品、無品。退房時當然不用整理，但是別把房間搞得像個難民營。床不必鋪，但是枕頭歸回原位；被子不捲成一團，放平即可；很重要的是：垃圾要放進垃圾桶內，因為房內的遺留物，即使是一張紙，飯店不知道這是重要的遺忘物需要保存，還是要丟的；用過的毛巾全放在浴室的籃子，若沒籃子，就全聚成一堆；洗臉台弄溼了就稍微擦乾。一流的客人走後留下的是一流的餘韻。

優雅的小費給法

飯店內的小費主要在此五處：

■提行李（bell boy）：兩、三個行李約三～五美金。

■房間打掃人員一晚一至二美金。每天出門前放在床頭。

■洗衣、清鞋人員來房間的跑腿費約一美金。

■房內用餐（room service）和一般餐廳一樣，給餐費的10％至15％。

■管家（butler）或客服公關（concierge）有做特別的服務時，比如替你買到很難入手的票或是訂到很難訂的餐廳，約三十～五十美金。

優雅的小費給法的重點是，要尊重對方：事先把錢預備在手中，不要在對方面前掏錢包找硬幣讓人家等。遞錢時一定說聲「謝謝你」。順暢的小費給法顯示一位名媛洗練的國際經驗。

「客訴」達人

旅行中難免會有風波或是不滿，「忍氣吞聲」並不是心胸寬大，只是不懂客人的權益。一件事合不合理，是以客觀邏輯來判斷，客訴不是私人恩怨，只要就事論事。「客訴」是基於提高服務品質的健康心態。雖然「客訴」時一定是不高興的，但是整理一下情緒不需要高亢，只要平鋪直敘說明原委。

高級飯店以日本的Okura飯店為例，都稱「客人的抱怨是我們的財產」，因為他們不斷從客訴裡得到學習，所以能達到五星級的水準。

做個日式旅館的一流女客

赴日光觀光時與其住在千篇一律的西式飯店，不如鼓起勇氣，入住純日本式旅館，也更加瞭解日本深層文化。

我說「勇氣」，是因為連一般日本人也懼怕上一流旅館。因為歷史悠久的一流旅館有深厚的文化背景，除了建築物莊嚴厚重的氣氛，還有仕女們一絲不苟的言行舉止；最難纏的是只有真正的「旅館通」才知道的潛規則（日文是仕來〔shikitali〕）。所以連一般日本人都怕不懂而被譏笑，而且「花錢還要處處緊張」，所以敬而遠之；然而在日本身為「旅館通」是一種地位（Status）的象徵。

請讀者們一起來看看，瞭解一下這「麻煩」的旅館文化，這也是磨練國際名媛氣質的好機會。

日式旅館和飯店流程不一樣

日式旅館和飯店最大的不同是，旅館是做個人的貼身服務，所以身為客人要懂得如何配合是關鍵。

日式旅館是下午三點入住，早上十點退房。旅館的特色是庭園美景和晚餐，所以盡量在天黑前抵達旅館，才能慢慢享受這些空間。光是去吃飯、睡覺太浪費了。

一抵達旅館，女主人（稱「女將」）和仕女們會在門口迎客。脫

鞋時只要將雙腳靠攏，鞋子不用自己放進鞋櫃，讓仕女處理。之後不必通過櫃台，仕女替你拿行李直接進房。入房後，她奉茶時才請你填個人資料。

旅館房費大都是退房時付。外國人透過網路預約時就已輸入信用卡號。而也有許多日式旅館只收現金，要先確認好。

至晚餐時間前，你可以泡湯、在庭園內散步，或是外出，不過一定要在自己指定的晚餐時間回來，因為廚師是配合每個人的用餐時間做菜餚。

晚餐時，仕女在房內擺完餐後，過一會兒，女將會來每一個房間打招呼。

館內基本上是禁止私帶飲料。

日式旅館都是木造建築，沒有隔音設備，所以笑談聲、電視聲都要壓低，走在地板上要輕步。這也都是培養秀氣舉止的機會。

早餐時間也可以自己選定，但別忘了退房一定是十點。棉被不必摺，但是稍微弄平。住宿費可以在房內或是櫃台付。可以帶走的房內備品是：小毛巾、小點心。浴衣不能帶走。有時旅館會準備一個小紀念品給你。旅館的特色就是「貼心」。

旅館的「仕來」地雷四伏

「仕來」是日本國民性的一個典型。它是指「潛規矩」，但問題是它不明文規定要自己去領悟。所以不習慣上旅館的日本人不知道自己何時違了規、冒犯誰，或是弄壞了什麼擺設，戰戰兢兢覺得花錢還要受罪。深知旅館「仕來」的旅館通，就像「葡萄酒通」，是文化的洗練度和經濟能力的一個自豪。不過在疫情期間幾乎倒閉的、以前很跩的一些老牌旅館，也都放下身段開始收團體客了，不懂禮數的客人也照樣奉為上賓。縱使如此、也不要當靠錢壯膽的土豪，自己丟臉也踐踏旅館苦心流傳的高級氛圍。

身為觀光客雖然不必成「通」，旅館也不會見怪外國人不懂潛規則，不過我們來探討當地的風俗習慣，也能使雙方互動順暢。

融入「禪境」

雖說「禪」起源於中國，但是來到日式旅館才會確切感受到「禪境」實際融於生活空間內。

歷史悠久的旅館就像入住在博物館，不光是吃飯、睡覺、泡湯的地方，整個建築物的空間設計、庭園造景和家具擺設，都要懂得欣賞和愛護。並且若客人表現出感受到旅館的形而上之美，這會讓旅館服務員感到「這位是旅館通，不能馬虎」，招待得更殷勤。

在他們眼裡，「一流的客人」是：

一，使他們在業務運作順暢，不額外製造麻煩。

二，懂得欣賞、愛護文化資產，不破壞旅館幽雅的氣氛。

潛規矩的要點

以下是一流客人的一流舉止：

■一進房間，日本的「旅館通」首先看的是花檯（稱床間），一房之精要就在此；先看字畫軸，之後欣賞插花，這是女主人傑作。這兩個動作就可以唬住仕女們了，她們會馬上對你另眼相待——「這位是通，招待不能馬虎。」

■花檯是個欣賞的空間，絕不放置行李、衣物，或是坐、踏在上面。

■古色古香的旅館陳設的家具不少是古董，又是易損的木製、漆器和紙製。旅館客房內的桌面若是塗木漆，絕不將熱茶杯直接放在桌面上，要用茶托。

■脫下的外衣掛在房間衣櫃內，不掛在樑柱上，因為樑柱可能是上百年的珍木。

一流客人是懂得欣賞、愛護文化資產，不破壞旅館幽雅的氣氛。

■拉紙門時，手要放在門的環洞上拉，盡量不碰到紙。

■房內榻榻米易損，有輪子的行李箱要放在門邊，不在榻榻米上拖拉。溼毛巾也不放在榻榻米上。

■在日本，無論是西式、日式住宿，一定備有浴衣。旅館的浴衣更講究，也有多種顏色、花樣讓客人自己挑選。浴衣的穿法是左邊在上面（弄反是個忌諱）。浴衣每天會換新。穿過的浴衣和毛巾堆放一起，不必摺疊。浴衣不可以帶走（可向旅館購買）。

■旅館的晚餐是會席料理。若懂得它的吃法和禮儀，更可以享受到其特色（請參閱筆者著《餐桌禮儀．品味的法則 x 日本料理篇》）。在房內用完餐後要注意的是，不必好心收拾碗筷，全讓仕女處理，因為一些餐具很纖細，易刮損。

■泡湯也有泡法喔！首先，脫下的浴衣不揉成一團，平放在籃內。進了浴室，先沖全身洗下部和腳板。進入浴池要注意：不許將小毛巾帶入浴池內浸泡。不要在大浴池內做健身運動或玩水騷擾其他人。出浴時，小椅凳、臉盆放回原位排好。

■一個有爭議的潛規矩是，到底要不要給仕女小費？

據估計，百分之四十的人給，百分之六十不給，所以，隨你便。若給小費，是約房價的百分之十。給的時機是：進房時填寫完個人資料後、仕女來房內擺完餐後、或是來鋪床時、或是要退房來房內結帳時都可以。

「入鄉隨俗」不是為了「哈日」，是為了增長見聞。雖然外國人是「不知者無罪」，但是盡量不要造成他人的困擾，讓人覺得「今天碰到這客人真倒楣」！

剛開始你會覺得日本的「仕來」很囉嗦，但是瞭解它背後細膩的含意，就更豐富了你的感性和世界觀。

17 Chapter

升級世界觀的觀光客

畢業「遠足型旅行」了嗎？

觀光、購物也要有品格和教養。

名牌店裡，什麼樣的人是「上客」？

購物是一個人文交流

在旅遊上接觸的人、事、物愈多，學習到當地的人文風俗就愈深。有智慧的國際名媛會刻意增加這個機會，即使不會外語，就算比手劃腳和當地人實際接觸，也是個愉快的交流。主動積極入境隨俗、擴大見識是旅行的要義。

「有氣質的購物」？

購物不光是錢、物的交換，也是人文的交流，購物也有規矩禮儀。財神爺要爆買精品，但是別像個土豪在市場翻撿豬肉般的舉止。

和店員的互動也有禮儀。

日本和臺灣一樣，客人一進店，店員會說「歡迎光臨」，在歐、美的店員是會對你問好。東方人比較不習慣，但是不要不理人，這時雙眼看對方，微笑的回：「Hi」或「Fine, Thank you.」或是學一下當地的「早安」、「晚安」等基本招呼語。

名牌店的上客是什麼樣的人？

有一次和巴黎當地的法國女士去一家名牌店，她要修理太陽眼鏡順便看看最新季的衣物。一進店，店員立刻帶我們上二樓的房間。一樓是三五成群的日本人在拼命搜購。店員不在意她們，只將一件又一件的新款給我們看，但是我的朋友也沒買。

之後她告訴我，她並不常買，也不買貴的，店員知道但仍以上客接待。我可以感到是因為她高雅的氣質和穿著的品味，又真正識貨的緣故。

一個高級店內的高級感是靠客人的素質貢獻的，並且品牌也希望高貴的客人穿戴他們的產品當活廣告。因為試想若滿街是粗野的大媽們全都拿著Chanel皮包，你還會想要買嗎？名牌會失去了它原本的價值。

名牌精品店內的禮儀

要使用高格調的物品，自己也要有相稱的格調。在國外買名牌是比國內便宜一、二成，不過像個「名牌餓死鬼」般的搶購，實在是不入流。

開店、打烊的時間每個國家不同，事先查詢好，不要站在門口等開門，或是打烊前幾分鐘才到，歐美的店員是絕對不肯為你加班的。

精品店大多有特定店員帶領。要試穿或試戴首飾、眼鏡等，不要自己伸手拿。若沒有特定專員自己隨意看時，要試戴、試穿也一定要告知店員。

另外，即使有專員陪你繞了半天，又試穿了半天，若你不中意也不必輸給氣氛壓力，裝闊勉強買下。

即使是財神爺，靠錢壯膽在店裡大聲喧嘩，亂摸亂放，讓孩子亂跑、亂跳，破壞氣氛，也是個國際公害。

服飾店

天鵝絨、毛海等看起來就知道是摸了很舒服的質料，在沒買下它之前或是根本無意購買，就亂摸亂揉是很沒道德。試穿時要小心別沾到臉上的化妝品，有頭罩就戴上後再試穿。若弄髒或破壞了商品有責任買下。

鞋店

筆者的腳型狹長所以喜歡在歐洲買鞋。要買雙完全合腳的鞋，必須試穿到完全滿意才買。歐洲人是至少試走三十分鐘，走地板、走地毯、走樓梯……到百分之百確定才買。因為鞋子是身體的一部分，不必妥協或輸給店員的冷眼。

化妝品店

面對著一堆只用過一次就不再用的粉餅、口紅、眼影……全部都是一時衝動買下的殘骸。幾乎各國的化妝品櫃員的攻略法都一樣，只要你稍微停步看一下就逃不掉了。特別是，「可以替您補一下妝嗎？」這兵法是全球化，接受的話就是自投羅網。不想買的話，事先要預備好說詞：「我先一個人慢慢看，需要時會請你來。」要練一些購物時的防身術。

陶瓷精品店

陶瓷品易受損，要拿著看時必須告知店員一聲，也不擅自打開櫥櫃。在日本的陶瓷店裡，若你用雙手捧著小心翼翼地看，老闆一定想：「這位客人有文化深度，讚！」

國際名媛可以殺價嗎？

當然可以，任你殺得落花流水。除了名牌店是不二價之外，愈是高級奢侈品愈在等你殺價。裝闊是自卑的掩飾，見過世面的人從經驗累積出合理的物價觀念，一眼可以看出價值和標價的差距，因此可以篤定地說出自己的看法。或是就坦白地告知自己的預算範圍。

無論是臺灣的路邊攤或是歐美的高級珠寶、皮毛、手錶店，殺價的工夫都是一樣的。這軟、硬、進、退的心理戰術是全球化的。

進階探索型旅遊

什麼是有深度的旅行？

還在「幼稚園遠足型」觀光嗎？還是已進階「探索型」觀光了？

遠足型觀光是：「哇！好大！好古！好美！」只拼命拍照留「證據」，就匆匆趕去下一個景點。之後面對一堆照片是義大利？德國？也不記得了。

有深度旅遊會滲透入靈魂，永遠烙印在腦海。

西西里島南端的千年古城阿格里真托（Agrigento），是菲尼基人二千年前蓋的，有許多神殿遺跡。清晨五點，我揉著睡眼爬到房間窗戶邊看出去，是火焰般的紅色曙光燃燒著一排古希臘神殿，背後映著湛藍的地中海……現在每當心情消沉時，就回想「這一生中看過最美麗的曙光」，做為鼓舞自己的能源，永不磨滅的精神糧食。

即使是參加團體旅遊，不要因為反正是跟著團，有導遊就不自己事先做功課，這就是幼稚園遠足。出國幾個星期前可以開始學學當地語言和知識，這不是功課，也不是負擔，而是比別人提早開始旅行了☺。多學幾句語言和當地人多一分接觸，即使只是胡扯也多一份回憶。預讀當地的文化、歷史相關資訊，去了實地後，你就可以問導遊更深度的問題，得到更深的知識。

旅行的服裝

旅行的行程包括各種TPO，要考量各場合對襯的服裝，但是大體上有三種就OK了：1.去郊外、上山下海。2.在市內逛街、去美術館、精品店等。3.晚上去餐廳、音樂廳（別忘了帶些配飾）。

在長途的飛機上，寬鬆的衣服比較舒服，但是並不等於邋遢。有些日本人平常穿得整齊，一旦要出國就穿得像要去爬山的克難服。飛機艙是一個室內的公共場所，並且長時間共處，穿著的美醜也會影響飛機內的氛圍和他人心情。多在意別人的視覺感受，也是一種美德☺。

有一位法國年輕人問我：「我要去京都參觀寺廟，請問服裝上要注意什麼？」一聽就知道他是旅行行家，因為一些觀光地有服裝上的禁忌。

有沒有特定的規矩、禁忌，事先要查清楚，比方去任何國家的宗教聖地，不穿袒露的衣褲。（不過日本的寺廟都是生意味濃厚的觀光地，不嚴重。）日本天皇在二〇二三年參訪印尼波羅浮屠千佛寺的舍利塔時，也脫下皮鞋換上布脫鞋，以保護世界珍貴的遺產。

自助旅行時的一個訣竅是參加當地的一日遊，有導遊做深度解說。一般有幾種語言的團可以選，若沒有中文，參加英語團也可以練習一下。團內有各國人士，一天下來大夥熟絡了，可以交換旅遊資訊也獲益不少。

各種國籍的旅客在車內只要眼神一交會就微笑一下。同桌共餐時也和鄰人交談一下，即使英語不靈光也無妨，目的是製造友善的氣氛。多增加和異國文化、人種共處的機會，就會發現即使語言不大通，文化背景不同的人也可能和你有共同的感觸、有共鳴。所以人與人之間有無交集，合不合的共通語言是「感性」。愈是擁有豐富的知識和感性，你愈會覺得可以四通八達，達到「無邊界的世界觀」。這也是國際水準名媛的一個標竿。

18
Chapter

優雅地享受異國的文化殿堂

文化殿堂的氛圍是氣質美女的美容營養點滴。

雖然現在各國的音樂、藝術在國外展覽的機會頻繁，但是如果在一個樂曲或藝術誕生的故鄉欣賞，那又別具風味和深度。這也只能搭機跨海才能親身體驗。畢業了「遠足型旅遊」觀光和購物之後，更上一層至「形而上」之旅。

美術館、博物館、音樂廳、歌劇院，這些文化藝術殿堂是一國的國魂所在，愈有文化的人愈是會心存敬意，遵守禮儀。

美術館、博物館內的禮儀

並非只看某大師最有名的名畫。一個畫家在剛初出茅蘆時的作品不是他的最光輝鉅作，也大都不會出國展覽。要探討一個畫家的畫風成長的過程，才能完整瞭解一個畫家，這也只有在當地才看的到。事先預讀要參觀的美術館、博物館的知識，當你和實物面對面相會時感觸就愈深。

一幅畫，一件美術品，不說話但是會告訴你許多的故事，你會不知不覺凝視某個作品很久。和作品持續對話需要時間和精力，所以上美術館要騰出充分的時間，邊休息邊看。比如大英博物館要花幾天才看的完。筆者稱它是「海盜文化的寶庫」，除了掠奪大量的中國寶物之外，所搜括的埃及國寶比自國國寶還多；看遍了中國的古代青銅器，但是發現最美、最好的竟然是在此。但是也因此逃過了中國文革的浩劫。並且英國人對其保存、研究以及說明都非常詳細。藝術品有好的歸宿是全人類的幸福。

在藝術的殿堂當然要注重禮儀：在美的空間裡，會自然激發你美的意識，所以穿得邋遢反而會覺得不自在。穿著整齊、不穿拖鞋，是尊重別人的文化。另外，基本常識要注意：絕不能摸、不可以拍照、不用閃光燈。

看畫時，有人會走到畫的前面緊貼著看，不顧擋到後方人的視線。這是會令人惱怒，非常沒有水準的行為，可能會被當場斥責（我會的）。印象派的畫家如畢卡索、莫內、梵谷等獨特的畫風筆觸，想要貼近細看美術品之前，要先環顧有沒有人正在看。

音樂廳內的禮儀

這是深度旅遊晚上必排的節目。

古典音樂誕生於四百年前，至今仍被全世界所珍愛的原因是：人的感性沒有時代和國界之分，古典音樂是人類共有的財產。在家聆聽 CD 和去國外的音樂廳，親身浸淫在名交響樂團演奏裡是不同的享受。古典音樂有測量出是非常高頻率的振動，在這種空氣裡必會帶動精神的昇華。要有對稱的優雅儀態。

服裝

音樂廳也是社交場。在中場休息時，無論是何等席位的觀眾，都可以同到富麗堂皇的休息廳飲用香檳、咖啡。

不要錯過這個打扮的機會。出國要帶一件洋裝以赴高級餐廳或是晚上的節目。但頭痛的是比方白天去森林，晚上直接去音樂廳，服裝要怎麼辦？一個最簡單，可以立刻「華美」的方法是，只要戴一串亮麗的項鍊或罩上美麗的披肩，無論下面穿什麼立刻有正裝感。

最基本的禮儀

音樂在演奏時，觀眾是聚精會神地在攫取空氣中一切大小音樂的振動。所以這時有人發出噪音、咳嗽、手機沒關、交頭接耳地說話、吃喝、走動，多麼的騷擾，是個公害。

高段的愛樂鑑賞

愈是音樂通，愈早到場。一身汗水淋漓、氣急敗壞地趕進場的是草包。

欣賞古典音樂如同享受一餐美食，先從開胃菜開始逐漸進入主菜。愛樂知樂的人開場前三十分鐘就到場，在優美的建築物裡慢慢啜飲著飲料，一邊閱讀今晚演奏的內容介紹。有經過這一道開胃菜的程序，你的腦中樞才能從忙了一天的「交感神經」，逐漸換成感覺感官為主的「副交感神經」，腦波才容易和音樂共振。

歌劇院內的禮儀

欣賞歌劇的門檻確實是比音樂高，因為不懂語言就不知其故事發展和歌詞之意。不過歌劇主要是在聲樂，故事內容非常單純。在日本的劇院都有同步的翻譯字幕。

筆者建議欣賞歌劇的入門方法是：

1. 先從著名的歌劇詠嘆獨唱曲集開始，並詳讀內附的歌詞翻譯。
2. 之後買下歌劇大全書，閱讀想看的歌劇故事劇本。
3. 在家觀看有翻譯字幕的歌劇影片或DVD。平時做此鑑賞，一旦親臨歌劇現場就可立刻融入。

歌劇是歐洲悠久的文化，愈深入愈會喜愛。鑑賞它就必須騰出心血和時間，沒有捷徑。

世界三大歌劇院：米蘭的Scala、巴黎的Garnier和維也納國立歌劇院的建築物本身就是藝術，即使聽不懂歌劇（其實只要欣賞歌聲和交響樂也就夠了），進場看看當地人的服飾穿戴、觀劇的舉止也很值得。雖然歌劇院都有便宜的頂樓站票（主要是供學生使用），但是若經濟能力允許，就去上座，也學習當地人愛樂的風度禮儀。

歌劇院和音樂廳的規矩大致一樣，唯獨以下幾點不同：

服裝

上歌劇院的服裝可以比上音樂廳更隆重，筆者見過故黛安娜王妃在東京的文化村歌劇院，她身著長及地的禮服來觀劇「Salome」。在歐洲聽歌劇的一個暗規是不穿鮮艷的顏色，意思是不搶台上女主角的光彩。也不穿長毛或是天鵝絨的布料，因為會吸收聲音。歌劇院大都是圓形或馬蹄形，從場內的各角度都可以看到每個人的裝扮，所以不要認為自己是外國人就亂穿。

拍手的時機

當男、女主角唱完了一曲高亢激昂的詠歎曲後，不要急著拍手。那空氣振動的餘波也是享受之一，所以要等餘韻伴著音樂完全結束、指揮者垂下指揮棒後，才能鼓掌。

可以大聲叫好嗎？

可以。盡量叫！一般是叫義大利語：「Bravo」，意思是「美好極了」，嚴格來說，這是對男歌手的叫好。對女歌手是「Brava」。

不過，要叫對時機，和前述的鼓掌時機是一樣的。

歌劇不是教堂的聖詩班，它大都以男女激烈的愛恨為主題，內容很通俗所以如果很感動，要盡情表達哭、笑都OK。

6 Part

高貴感是昇華

沒有一個物質可以使臉變得高貴。
高貴感和魅力是什麼樣的化學變化？

19

Chapter

有「錨」！

科技再進步，從古至今都一樣重要的價值觀，你擁有幾個？
名媛穩重的氣質是因為有「錨」。
有定點才知道自己要成長的目標。

為什麼名媛必有穩重的氣質，不俗氣、不盲目地追趕膚淺的流行？因為有「錨」。掌握對你而言什麼是定點，這些定點就是值得一生去索求開發的對象。

「錨」是什麼？不好意思，最方便的一個例子是本書《名媛養成班》☺。自出版十多年以來持續受海內外廣大讀者支持，也被收在紐約市公立圖書館內。書中的二十個提升自己的條件，縱使時代日新月異、科技快速地推陳出新，加上我本身也不斷的擴大見識，但是這二十個本質仍然沒變。

在時代洶湧的浪潮中，沒有錨就容易隨波逐流。**心中沒有明確的方向，人也就**

難有深度。所以「有錨」，會使你的光芒質感愈厚實。

但是「有錨」和「頑固」不同哦。

「有錨」不只是要將錨深深的沉在海底，同時也要敏感的感知時代的變化，然後以自己的哲學去思考這個「流行」、「新型」只是膚淺表面？還是本質上的進步？會思考是否有需要接受，以及接受的程度。若毫不思考就排拒新潮是剛愎自用。

不受流行擺布，時尚的「錨」

我很後悔把一件流行過的高腰窄管牛仔褲丟了，因為聽說低腰褲退流行了，接下來又會是高腰窄管褲的時代了；我的一個朋友在流行粗眉時紋了眉，後來細眉流行時她得天天和寬眉一起過日子；不過幾年後又開始流行寬眉，她又跟上流行了。

可見「流行」只是像狗追著自己的尾巴，團團轉而已。

我感到時代有著實的進化是，在時尚方面不再有在舊時代常聽的「流行」兩個字了。今天你穿喇叭褲、窄腿褲、迷你裙、長裙；畫寬眉、細眉；亮光、啞光口紅；直髮、爆炸頭，什麼都不奇怪；沒有「流行」就是現代的主流。因為臉大的人發現流行的細眉只突顯臉更大；胖的人穿時髦的寬褲顯得更胖；全球女人終於甦醒了：超級名模的流行並沒有讓自己更美。

大多人已經掌握了自己的特色和優缺點，知道如何遮掩、彌補或發揮，樹立了自己的美感和自我的風格。這就是錨。

「流不流行」和「美不美」是兩回事。

不受時代改變，美人的「錨」

美感也有在任何時代都不變的「錨」。

任何時代，一頭光亮的秀髮、細緻白淨的皮膚都是美。不管髮型髮色流行什麼，若髮質乾枯無光澤就像掃帚；肌膚也一樣，再怎麼標榜是最新科技開發的美容液，美膚終究是靠體內的健康細胞，從外部的保養是有限的。美髮美膚是從古至今沒變的「錨」。

在指甲小小的面積上設計出各種圖樣、顏色的指藝，真是一門藝術。但是再怎麼美麗奪目也無法掩飾乾糙粗黑的手。從手可以看出一個女人的出身及生活狀態，**一雙白淨細緻的雙手，才是所有女人永遠的憧憬。指藝只是錦上添花的作用哦。**

雙手是展現女人魅力的一個重點。歐洲自古就有此言：「是不是貴婦人，從脖子和雙手就可以看出來。」

理想美麗的雙手是修長、關節不突出、細嫩白淨。修長的手指是天生的，沒辦法改變，但是其他保養則是靠後天的努力。比如要碰水的家事就盡量戴手套；護手霜不必用貴的，但是要常擦。除了保養之外，第一章有提到手的表情、手勢的優雅也是永遠審美的「錨」。

只要有一個好身材，穿什麼過時的衣物都好看。並不是要像模特兒般的身材，只要盡量不凸腹、塌臀（節食無法做到，要靠運動）。不以年齡為藉口，讓體重維持在健康的範圍內。對自己的飲食和運動妥善管理。

也就是說：「最基層的美」都是任何時代屹立不搖的美。

人際關係不變的定律「錨」

基本的禮貌——名媛永遠的法則

不少人誤以為「禮儀」是個封建的遺物，只是對比自己地位高的人的一種討好諂媚的形式，現在是民主時代，人人平等就不需要了？

不，正是相反，筆者常說「禮必有理」。禮是一個社會秩序，社會愈進步，愈趨多元化，步調愈快，秩序愈重要。比方禮儀大多是以長者、前輩、客戶、女性為優先，這不是因為他們「了不起」，是因為有個先、後、上、下的規定，秩序一切就順暢。

另外，禮也是為了「講理」，也就是對當下的狀況做最恰適的對應。禮也是個潤滑油。愈是快速繁忙的社會，愈容易發生摩擦，禮儀愈是重要。對「禮」的造詣永遠是名媛的標記。

溝通在於方法，不草率

電子文字的溝通方法雖然方便，但是不能取代一切。有工作能力之人的溝通方法是「二刀流」，會分辨何時該理性的省時省事，何時該感性的費時費力，以肉聲、肉筆溝通。

鄭重的邀請函、誠心的道歉、道謝，不光是在內容，在方法上更能表達超出言語的誠意。接到一封端正的卡片或美麗的信紙，加上親筆寫的字（醜字也沒關係），和精心選的郵票，沒有人不會被這「真不愧是名媛氣息」所打動。

人畢竟是肉身，所以肉聲、肉筆的溫馨永遠被需要。

古典文化是永遠的教養「錨」

古典文學、音樂和藝術可以跨越時代、超越國界和民族，是因為它深入人性的本質，所以屹立永存。這就是「錨」。

古典文學、音樂、藝術比較難瞭解消化，也是因為內容厚實，欣賞者自己也要有相當的人生經驗才能真正理解。

比方筆者喜歡馬勒的交響樂〈巨人〉，但是覺得第三樂章好沉悶；然而經過一段人生歷練後再聽，就銘心得感受到此樂章就是在描寫人在谷底的歷練。從古典藝術和自己的共鳴程度，也可以客觀看到自己的成長。

將「古典」帶入日常生活中，比如看古典文學、聽古典音樂、學國畫等等，會使你的生活時空格局擴大。

「知道歷史才可以預測未來。」古典的精髓就是個「錨」，它會留存到今天，也必存在未來。

簡單，但是生活中永遠的小確幸「錨」

原始人和現代人對幸福的需求，其實沒有太大的差別，因為生活中最簡單的事一直都是最快樂的。筆者以往就是喜歡去歐美度假，享受道地的一流（工作疲勞的慰勞）。但是之後我發現，買個麥當勞和朋友在附近公園的草皮上嬉笑，所得的快樂和千里迢迢在法國坎城沙灘上的快樂，竟然是一樣的。

知道自己「確幸的穴道何在」，將錨定位在幸福的原點，就不會盲目的用物質來填補空虛。

回想一下小時候快樂的記憶是什麼？這些生活情趣雖然我們成人了，但是不必畢業，仍舊可以持續。

和朋友、家人野餐

筆者在東京經常去一個公園，這幾十年看到一個有趣的變遷：在九〇年代泡沫經濟破滅後，才開始看到有親子、情侶在公園野餐。二〇〇八年全球金融危機後，在公園野餐又增加一波。難道「野餐」是只有在拮据的時候☺？野餐文化是英國在工業時代興起的，愈工業化，人們反而愈想接觸大自然。相信大家小時候聽到要去「野餐」一定好高興。這種興奮是成人後仍可持續的「錨」。近年在臺灣也看到百貨公司內有不少進化型的野餐道具，比如塑膠的長笛型香檳杯和多機能的野餐木箱。

並且沒有什麼比親手做的便當更好吃、更溫暖。便當也可以是個愛情武器，替喜歡的男人做便當，他會立即投降。「親手做的」永遠是最直接的心意表達。

懷古的價值觀

「斷捨離」的觀念從日本開始，普及了全世界。大都市人口密集、住宅狹窄，存放舊物是滿頭痛的。但是丟東西時要分該丟的、不該丟的。分辨的尺度更是頭痛。因為有些舊物仍有情感價值（Sentimental Value）。

歐洲人一般花錢比我們慎重許多，因為大多是買可以用長久的。在巴黎一位漂亮時髦的女友拿一個古典的皮包，一聽才知道那是她祖母用過的舊皮包；由於她本身品味好，古董皮包也融入了她的時尚中；朋友用一條愛瑪仕的圍巾，花樣很特別，以為是什麼最新款式，一問，原來是她媽媽年輕時用過的。

用舊東西是一種驕傲。怕被人家笑，就是心裡沒有「錨」。

擁有這些生活上的「錨」，就不會盲目的追求物欲。當人看到自己的根源，一個篤定的「錨」就會深垂在心海底。

20 Chapter

面由心生：「臉」是你人生的成績單

天下沒有一個東西可以使臉高貴。

臉是一個人的正門（facade），是內在境界的顯象。在地表下施予什麼養分，在地表上就開出什麼樣的花。

一張臉是有原因的。

林肯說：「人過了三十歲，就要對自己的臉負責任。」

臉，是你每天二十四小時想什麼？做什麼？不知不覺中塑形出來的。

好臉、不及格的臉

誰都有看得順眼、看不順眼的人。大致上會被人看不順眼的原因是：看起來陰險、狡滑、冷漠、自大……當這些人格的問題呈在臉上，這個臉不及格！反之，讓人第一眼就覺得你能夠信任、厚道、誠實、溫度，或是交往不久就願意對你掏心剖腹……恭喜你！擁有這樣一張「好臉」是人生的成就。

「面由心生」是有科學根據的。日本一位在精神領域有鑽研、著名的經營顧問船井幸雄先生說：「當一個人常常持有正向思考，即常懷感謝、不求回報的慈悲心，見義勇為、知足常樂等正向波長，（即第十二章內述量子力學的高頻率意念）會使腦幹健康持正。這使自律神經和荷爾蒙分泌機能正常，精神持正。」臉部肌肉沒有壓力下會左右對稱，看起來就「正」。讀者們覺不覺得一個高貴的臉，一定是「正」的感覺？所以只做臉、美容是無法改變臉部深層肌肉構造的。

有人在暗地做壞事，比方說謊、毀謗等，這些事既不犯法，也可能永遠不會被人發覺；暗地裡做好事，關心朋友的苦惱、善待動物、見義勇為的大愛等，這些默默的愛心別人也看不到。然而，雖然別人看不到你做了什麼好事和壞事，但是上天很公平，這些都清清楚楚的記載在一個人的臉上。

你會對之有好感的臉，不是指一張裝好人、偽善的臉；即使表面是不苟言笑、不善交際、說話耿直，但是從臉散發出的正能量、高頻率就是讓你信任！這就是「好臉」的真意。

擁有一張好臉是智慧名媛的畢業證書。

任何人、任何長相，都可以達到「好臉」的境界。

相信讀者都有過此經驗：隔一陣子不見的朋友，臉相變好多……臉是依處境、心情而變的。不要說人，連我家的貓歷經滄桑流浪到我家時是防禦心十足的臉，而現在是，其他貓來叫戰，牠只一笑置之，是判若兩貓。臉是自己打造出來的。

高貴的臉、魅力的來源

對自己要求多一點！不要只安於「美麗」就好。有魅力（Charming）才是最高的讚美。「美麗」只是單一的分數，「魅力」是多次元的綜合分數。它不光是包括視覺上的美麗，魅力是帶有能量，會四射，並勾起別人更想接近你的好奇心、吸引力。

近年來的「美魔女」風潮取代了過去「上了年紀就等於歐巴桑」的現象。人人注重保養、塑身再加上醫美的進步，現在是美魔女滿街了。可是說真話，一直不知道為什麼，不少美魔女的「樣子」是年輕，但總脫離不了「歐巴桑氣息」。比方在日本一位擁許多美容保養店，極具經營手腕的女士，她經常鼓吹女人絕對不要日曬，白天少外出，在家也要擦防曬霜、戴防曬手套。確實她臉上沒有斑、沒有皺紋，但是不好意思，雖然無瑕疵，但是美麗呆板的表情就是有歐巴桑的感覺……。

到底「歐巴桑氣息」的特徵是什麼？為什麼上了年紀就會有此氣息？年輕人不會有此氣息嗎？而為什麼也有女性上了年紀卻不像歐巴桑？

我似乎得到了答案，歐巴桑氣息的特徵是：彈性疲乏，像拉直的橡皮筋。即使樣子美，但感受不到生命力、彈力，感受不到熱度和能量；就是缺乏這個軸心的魅力。

而為什麼人會失去熱度和能量？我的答案是，因為自己不燃燒。

我想是不是因為人生經驗多了，會讓人很盤算利害，因而失去赤子的純真熱忱？比方不會去做一件雖然是對的、但一般人認為是吃力不討好的「傻事」。

而我發現一個人能量的來源，反而是從願意為「傻事」付出熱情而來的。明顯的不同是，為了大小公益奔走、日曬的女人即使臉上有些黑斑皺紋，但是表情年輕生動，全身散發青春朝氣和熱能。

朝氣、能量不是求神求廟求來的，不是「被給予」的，是從「給予」得到的。

高貴感也是。拼命往身上加戴名貴的配物，並不使人高貴，高貴的氣息也是來自於給予，心中存有「為他」的餘裕。也就是體內生物光子呈高頻率。

即使不具備本書前述的十九個條件、只要實踐以下三點，也會有一張有能量、有魅力的「好臉」。

1. 社會貢獻——高貴感來自於由衷的「為他」

有人會炫耀「我什麼都有、好幸福」，真實真正幸福的人是看得出來的。當一個人對自己的擁有，由衷得滿溢出感謝時，會自然而然想要給予、為他。

命好、條件好不是為炫耀用的，是上天賦予他「高資本」，讓他更能夠照顧其他眾生。

然而宇宙也不是一個自動販賣機，錢幣一投進去，「好臉」就出來。做善事重要的是在於「動機」。

有的人做善事也必追求名牌，做志工、捐錢一定要是著名的團體組織；出大錢蓋大廟、燒旺香的動機，捫心自問，是為了買「贖罪券」積點數？另一種人是不知不覺的就在幫助別人，默默的做大、小公益，不炫耀，沒人知，即所謂陰德。雖然同樣的行為，但是唯有動機是出自無償的愛心，才會牽動臉部的肌肉。

臉，不是五官長相。高貴感是一個人高頻率的意識顯像。

別人看不到你做了什麼善事，但是你會有一雙清澈又溫暖的眼精，這就是上天給你的獎賞。

2. 善待動物，人不仗狗勢

甘地說：「從一個人如何對待動物可以看出人格、靈魂的層次。」

現在大概是四十六億年前自地球誕生以來，繼冰河期之後，動物最難生存的時代。地球不光是人類的，既然人類自稱是地球的主人，就要多照顧動物。這不是喜好的問題，而是人的義務。不光是對自己的寵物，對流浪貓、狗的關照更是名符其實的「肉包子打狗」無償的愛心☺。在日本一些小學的課程有教孩子如何收養和照顧浪浪。

真正愛動物的人不會追求名牌寵物，有身分地位的人更不需要買名牌寵物來襯托自己。路邊有許多流浪貓狗在哀哀乞命，對自己有信心的名媛們就盡可能收養髒、臭的流浪貓狗。（只要帶去給獸醫清理，任何流浪貓狗都會漂漂亮亮的走出來。）美國白宮的第一家庭都有養隻「第一狗狗」的習慣。歐巴馬（Obama）總統說：「要養一隻和我一樣，雜種狗。」這句話又贏得許多人心和尊敬了。高貴氣質名媛身邊的土狗兄、雜種貓，反而更凸顯出她的高貴感。不靠名牌寵物來裝飾自己，人不仗狗勢。

常和動物們單純的頻率融為一體，會使臉部表情活潑可愛。這可愛可親的臉孔就是上天給你好心的回報。

3. 正直的臉來自於即使沒有人在看的時候……

「高貴感」給人「正」的感覺，因為基底就是誠實正直。

會有一張令人信任、正直的臉是來自於：沒有別人的眼睛在看的時候，也不做不該做的事。一個最小的例子就是公德心。

生活中小小的公德心沒有人在監督或為你拍手鼓掌，而對自己的私下行為，比方在消費行為上是否會思考有損他益、公益？有常用即棄式的塑膠食器、不需要的包裝、垃圾處理等，都只顧眼前的方便，還是經常做有責任的思慮？這個日常小小的念頭都會呈於面相。

環保其實不太屬於「善事」，因為是利己，自己是直接受益者。

目前兩大環境問題：一、地球暖化。二氧化碳的排放量，政府和企業能夠控制的只有30%，其他是靠個人的生活節能和消費傾向。二、微塑膠。近年證實微塑膠已經侵入了我們的食物鏈，從魚類、蔬果、鹽、水等進入人體，並殘留在器官內。從源頭減廢是靠我們每一次、每一次的消費選擇和責任感。這沒有人在看。

二〇一五年聯合國宣布的SDGs永續發展目標，包括氣候變遷、經濟成長、社會平權、貧富差距等十七個項目，指引全球共同努力、邁向永續。其實這十七項的內容不用背，用中文表達就是兩句話：「己所不欲，勿施於人」和「有福同享」的同理心。

讓天、地當你的靠山

你的意識決定你的世界。

只有你意識到的東西才會進入你的世界。你的意識有多寬廣多細緻，那就是你的世界。

我們要獲得源源不斷的高頻率能量的方法，是調頻自己的意識和大自然連結，甚至和宇宙的源頭與之共頻共振。宗教界和瑜伽稱之為Oneness——「萬物一體、天人合一」。但這不是宗教的專利，這是物理學，是在第十二章內所述的量子科學。

科學家尼古拉．特斯拉說：「我們是存在於振動宇宙中的振動實體。你是能量的接收器，也是發射器。」自己的意識等級就是生物光子的振動頻率；以及普朗克的方程式E=hv，頻率愈高、能量更強。

能量的接收發射是因果關係，我們能主宰的是，如何將意識對焦？向什麼對焦？

對於這一點，是以冥想、坐禪的方法。但是這有時間和空間的侷限。筆者鼓勵的是可以時時刻刻、處處實踐融入生活中的感知習慣，感受和大自然的能量。

即使在繁囂的都市裡：早晨一拉開窗簾，射進來的陽光，感受它快活的力量，一天就此開始。上班時多走一段路，多看看路邊的一草一花，多豎耳聽聽公園傳來各種季節不同的鳥叫聲，在露天咖啡店的微風中欣賞夕陽餘輝，靜靜觀賞天天不同的雲彩變化，這時周邊的車水馬龍怎麼都聽不見了。在生活中經常感知與萬物共生，這就進入了Oneness的境界了。

也將意識付諸於實際行動，如前述的對人、對社會、對動物、對地球環境有不可分割的同理心，這比只有形式上的打坐更能夠與天、地共頻共振。

我們都是獨立自主的個體，但是也歸屬一個宏大超越的存有。

當你感到自己是宇宙循環中的一分子，再回顧在地球的人生，就會思考幸福的原點是什麼？什麼是不需要的虛榮？什麼是真正的豐盈？經常以它為思考的主軸，在無常的人生中就似乎可以看到靈魂進化的軌道。

臉，是意識的具體顯像。

一張散發出正能量的「好臉」，就是吸取天地精華的結果。

臉是一個人的人生成績單。

提升自己達到「真」與「善」的境界，這才是真正的「美」。

國家圖書館出版品預行編目資料

名媛養成班：國際禮儀專家教你成爲眞名媛的20個法則/陳弘美著. -- 四版. -- 臺北市：商周出版：英屬蓋曼群島商家庭傳媒股份有限公司城邦分公司發行, 2023.08
面； 公分. -- (View point ; 116)

ISBN 978-626-318-746-7(平裝)

1.CST: 女性 2.CST: 社交禮儀 3.CST: 生活指導

544.5 112009078

線上讀者回函卡

View Point 116

名媛養成班（暢銷15年，新增修版）：國際禮儀專家教你成為真名媛的20個法則

作　　者／陳弘美
企劃選書／黃靖卉
責任編輯／彭子宸

版　　權／吳亭儀、林易萱、江欣瑜
行銷業務／周佑潔、賴正祐、賴玉嵐
總 編 輯／黃靖卉
總 經 理／彭之琬
第一事業群總經理／黃淑貞
發 行 人／何飛鵬
法律顧問／元禾法律事務所 王子文律師
出　　版／商周出版
台北市104民生東路二段141號9樓
電話：(02) 25007008 傳眞：(02)25007759
E-mail：bwp.service@cite.com.tw
Blog：http://bwp25007008.pixnet.net/blog
發　　行／英屬蓋曼群島商家庭傳媒股份有限公司 城邦分公司
台北市中山區民生東路二段141號2樓
書虫客服服務專線：02-25007718；25007719
服務時間：週一至週五上午09:30-12:00；下午13:30-17:00
24小時傳眞專線：02-25001990；25001991
劃撥帳號：19863813；戶名：書虫股份有限公司
讀者服務信箱：service@readingclub.com.tw
城邦讀書花園：www.cite.com.tw
香港發行所／城邦（香港）出版集團有限公司
香港灣仔駱克道193號東超商業中心1樓；E-mail：hkcite@biznetvigator.com
電話：(852) 25086231 傳眞：(852) 25789337
馬新發行所／城邦（馬新）出版集團 Cite (M) Sdn. Bhd.
41, Jalan Radin Anum, Bandar Baru Sri Petaling, 57000 Kuala Lumpur, Malaysia.
Tel: (603) 90563833 Fax: (603) 90576622 Email: service@cite.my
封面設計／張燕儀
內頁排版／邵麗如
印　　刷／中原造像股份有限公司
總 經 銷／聯合發行股份有限公司
地址：新北市231新店區寶橋路235巷6弄6號2樓
電話：(02)2917-8022 傳眞：(02)2911-0053

■2010年6月1日初版
■2023年8月8 號四版一刷

ISBN 978-626-318-746-7
Printed in Taiwan
eISBN （EPUB）9786263187481
定價380元

城邦讀書花園
www.cite.com.tw